고통의 도약

트라우마 후 성장을 위한
감정, 관계, 삶의 회복

이재희 지음

고통의 도약

SIGONGSA

차례

Prologue | 나의 평생 연구, 트라우마 후 성장의 이유와 여정 006

1장 | 트라우마 이해

트라우마와 스트레스, 그 미묘한 차이 017
끔찍함의 기준은 누구에게나 다르다 022
왜 트라우마 후 성장인가? 026

2장 | 트라우마 후 스트레스

트라우마 자가 진단 측정법 035   플래시백 039
되풀이되는 기억 044   악몽 048
트리거 051   신체적 반응 056

3장 | 트라우마 후 성장

트라우마 후 성장의 다섯 가지 영역 061   내면의 강인함 066
새로운 가능성 발견 069   타인과의 관계 향상 074
삶에 대한 감사 079   영적 변화 085

4장 | 트라우마 후 첫걸음

트라우마를 넘어 다음 이야기로 091   나를 지키는 본능 096
스트레스 대처 전략 100   감정 알아차리는 연습 112
나를 마주하는 용기 123   건강한 자기 돌봄 139
나와 타인의 경계 설정 152

5장 | 트라우마 너머

트라우마 이후 다시 쓰는 삶 169
그 생각, 그 걱정은 가짜다 183
강박적 사고 떨치기 194   삶의 방향을 바꾸는 질문 204
다시 괜찮아질 수 있다는 증거들 221
감정의 파도에서 나를 지키는 일 230
성장의 열쇠는 내 손에 있다 236
혼자가 아닌 함께 성장하기 249

Epilogue | 글을 마치며 266
참고 문헌 271

Prologue

나의 평생 연구, 트라우마 후 성장의 이유와 여정

나는 아주 가난한 집안의 장녀로 태어났다. 서울 도봉동 산동네에서 문간방을 얻어 살다가, 그마저도 세를 감당할 수 없어서 쫓겨난 부모님은 내가 네 살 때 보자기 몇 개에 짐을 꾸려 인천으로 도망가듯 터전을 옮기셨다. 그렇게 그 전보다 더 가난해진 어린 시절이 시작되었다. 그게 트라우마였을까? 이 책을 읽으며 함께 생각해 볼 문제겠지만, 분명한 건 나는 어릴 때부터 이런 질문에 관심이 많았다.

'인간에게 왜 고난과 역경이 찾아오는가?'

'이런 경험을 하면서 우리는 어떻게 이겨 내고, 영향을 받고, 변화하고 살아가는 것인가?'

오랫동안 지속된 가난을 벗어나는 것이 내게는 가장 큰 인생 목표였다. 전공이나 직업을 선택할 때도 늘 '어떻게 하면 빨리 자리 잡을 수 있을까', '어떻게 하면 부모님의 생활비에 일찍 보탬이 될 수 있을까', '어떻게 하면 돈 때문에 번번이 막히는 상황을 피할 수 있을까'를 고민했다. 결국 성공이 보장되면서도 경제적 안정에 가까이 갈 수 있는 교사, 회계사, 통역사 같은 직업을 선택했고, 여러 전문직을 거치면서 나름의 내 자리를 다졌다. 입시 경쟁 속에서 살아남은 능력은 내게 유일하면서도 소중한 자산이었다. 서른 살이 되면서 부모님께 작은 아파트 한 채를 사 드릴 수 있게 되었으니 돈에 대한 집착, 아니 굴레는 좀 내려놓을 수 있을까 싶었다.

'어려운 사람을 돕고 싶다'는 이상주의적 포부를 안고 떠난 유학길은 쉽지 않았다. 어린 시절의 가난을 딛고 겨우 찾은 안정을 스스로 무너뜨린 건 아닐까 하는 두려움에 시달리면서 유학 생활을 시작했다. 하지만 이왕 미국에 왔으니, 늘 궁금했던 것을 공부해 보고 싶었다. 내가 알고 싶었던 건 바로 이 질문에 대한 답이었다.

'큰 시련을 겪은 인간이 어떻게 그 극복의 저편으로 건너가는가?'

어느 날, 미시간 대학교 석사과정 중 교수 명단을 살펴보다가 마크 체슬러 Mark Chesler라는 사회학 교수가 '서바이버십 survivorship'을 연구한다는 사실을 알게 되었다. 나는 무작정 교수님께 이메일을 보냈다. 기대에 찬물을 끼얹듯 교수님의 답장에는 이렇게 쓰여 있었다.

"이번 주에 정년퇴직했다."

내 용기와 호기심은 한 방에 꺾였고, 난 다시 바쁘게 학업에 매진했다. 그리고 운명처럼 교수님의 이메일이 2주 뒤 도착했다.

"지겨워서 못 놀겠으니 아직도 관심이 있다면 사무실로 오라."

이 짧은 메시지로 시작된 나의 서바이버십 연구는 이내 열정으로 타올랐다. 그날부터 졸업할 때까지 나는 체슬러 교수님을 졸졸 따라다니면서 이것저것 여쭈었고, 교수님은 가끔 서재에서 책을 골라 내게 주시며 다음 주까지 읽고 요약해 보라고 하셨다. 또 암 생존자와의 인터뷰 내용을 읽고 내 의견을 말해 보라며 다양한 숙제를 내 주셨고, 우리는 그렇게 대화를 이어 갔다. 어떤 날에는 내가 교수님 사무실 문을 두드리면, '이 아이가 왜 또 나타났지?' 하는 표정으로 날 바라보시기도 했다. 특별한 목표도, 뚜렷한 기대도 없이, 나의 서바이버십 연구는 그렇게 시작되었다.

우연히 교수님의 연구 동기를 알게 되었다. 체슬러 교수님 역시 개인적 관심으로 서바이버십 연구를 시작했다고 하셨다. 그분의 첫째 아이는 두 살이 되던 해 소아암 진단을 받았고, 죽을 고비와 힘든 치료를 이겨 내고 결국 생존했다. 지금은 소아암에 대한 인식이, 특히 미국에서는 매우 확고하게 자리 잡았지만 수십 년 전 그 당시에는 그렇지 못했다. 소아암에 대한 개념과 인식도 희미했고, 소아암 사망률도 높았으며, 생존자에 대한 복지 역시 전무했다. 소아암 생존자와 그 가족들 간의 모임도 전혀 없던 시절이었다. 그래서 교수님은 국제 생존자 협회와 부모 협회 등을 설립하고, 관련 서비스 제공을 위해 노력하고, 동시에 이에 대한 연구를 시작했다.

서바이버십 공부는 단순한 흥미에서 시작했지만, 시간이 지나면서 나의 전공 분야로 발전했다. 석사과정 2년 차에 나는 암 서바이버십에 대한 관심을 바탕으로 미국 국립 아카데미National Academies of Science 산하 기관인 미국 의학원Institute of Medicine 펠로로 선발되었다. 그곳에서 《암 환자에서 암 생존자로: 전환하는 기로에서 길을 잃음From Cancer Patient to Cancer Survivor: Lost in Transition》이라는 책을 집필하는 프로젝트에 참여했다. 이 책은 이후 미국의 암 연구 역사에서 중요한 전환점이 되었다. 이 경험은 나를 더욱 성장하게 만들었고, 서바이버십과 트라우마 후 성장 연구에 몰입하게 했다. 그렇게 어느새, 한 번도 계획하거나 상상한 적 없는 사회복지 박사과정의 길이 시작되었다.

세월은 훌쩍 지나 2010년, 가방끈이 길기도 길어 좀처럼 끝나지 않는 학업을 이어 가며 박사과정까지 준비하고, 논문이 절반쯤 진행된 즈음이었다. 이쯤 되니 슬슬 진저리가 났다. 그때만 해도 '트라우마' 하면 전쟁에 참전한 군인이 겪는 증상으로만 국한되었기 때문에 트라우마의 개념을 의료 현장, 특히 암 환자와 생존자에게 적용하는 것은 나름 신선한 접근이었다. 게다가 당시에는 트라우마의 부정적인 부분만이 강조되어 왔던 터라 '트라우마 후의 성장'에 초점을 둔 내 논문은 꽤 새로운 아이디어였다. 한마디로 암 생존자들이 트라우마를 겪는 과정에서 긍정적인 경험까지 하게 된다는 내 논문 내용에 들떠 있었다. 나는 논문을 마치고 펼쳐질 세상에 대한 기대로 희망에 젖어 있었다.

언제나 그렇듯 인생은 계획한 대로 흘러가지 않는다. 지금 내 나이는 50이 훌쩍 넘었지만, 여전히 '아빠, 아빠' 하며 어리광을 부릴 만큼 아빠와 사이가 각별했다. 그런 아빠가 누구도 예상치 못하게 위암 판정을 받았다. 항상 건강하셨고, 잔병치레 한 번 없으셨고, 천년만년 사실 것 같았던 아빠였기에 위암 진단은 더욱 충격이었다. 전이 속도는 너무나 빨랐고, 몇 달 만에 갖가지 수술과 치료를 받았지만 결국 가망이 없는 단계에 이르렀다.

미국에서 근근이 학업을 이어 가던 나는 한국에 자주 나가기도 현실적으로 힘들어서 이러다 임종을 볼 수 없을지도 모른다는 생각에 매일매일 앞날이 어둑했다. 학교에서는 암 생존자들과 그들의 트라우마 후 성장에 대해 멋지게 논문을 쓰려 노력했지만, 현실에서는 내 아빠가 생존하지 못할 가능성이 매일매일 커져 갔다. 나는 논문 주제와 현실의 아이러니한 괴리 속에서 혼란스러웠고, 모든 게 지겨워졌다.

'과연 이런 생사의 갈림길 같은 트라우마에서 성장이라는 게 존재할 수 있는 걸까?'

나는 내 안의 모순에 사로잡혔고, 모든 걸 내려놓고 싶었다. 무엇보다 이 논문을 한 글자도 더 쓰고 싶지 않았다. 내가 추구하던

낙관적이고 희망에 찬 이론들이 모두 가식적인 허울로만 느껴졌다.

어느 날, 혹시라도 내가 임종을 지키지 못할까 봐 노심초사하던 엄마는 아빠를 설득해 내게 전화를 걸게 하셨다. 전화로라도 미리 유언을 남기겠다고 말이다. 아빠는 암 치료로 기력을 다 쓴 목소리로 정말 담담하게 유언을 남겼다. 나는 그때까지 영화에서 보던 유언 장면처럼, 실제 유언을 남기는 순간도 이상적이고 기대할 만한 장면으로 상상했던 모양이다. 인생의 멋진 포부와 기대, 기도, 커다란 희망과 축복, 삶의 궁극적인 가치와 지혜를 담은 그런 말들…. 그런 유언을 통해 인생의 큰 지침을 얻게 되는 그런 순간을 상상했다. 하지만 아빠의 유언은 5초도 되지 않았다.

"재희야, 논문 마무리해라."

"…아빠, 그게 다예요?"

물론 그때 나는 유언이 뭐든 크게 중요하지 않았다. 아빠를 잃을 생각에 눈물과 콧물을 흘리며 참 슬퍼했다.

아빠는 그 후 얼마 되지 않아 돌아가셨다. 평생 자식을 위해 사신 것처럼 아빠는 내 봄방학이 시작되던 날, 세상을 떠나셨다. 내가 장례를 치르고 학업에 지장 없이 삶에 돌아갈 수 있도록 말이다. 하지만 이전과 똑같은 삶으로 돌아가는 건 불가능했다. 기운이 다 빠져서 인생에서 이따위 논문이 뭐가 중요한가 싶을 때 나를 잡아 줬던 건 아빠가 남긴 몇 초의 짧은 유언이었다. 다 때려치우고 한국에 돌아가 떡볶이나 실컷 먹으면서 일단 쉬다 보면 뭔가 길이 나오겠지 싶을 때마다 "재희야, 논문 마무리해라"라는 유언 때문에 다시 책상에 앉았다. 그렇게 나는 트라우마 후 성장에 대한 논문을 마무리했고, 박사 학위를 받았으며, 결국 교수가 되었다.

아빠가 돌아가신 후로도 한참 동안 슬픔은 계속되었지만, 처음보다는 견딜 만했다. 논문이 마무리되고, 그다음의 인생 경로가 펼쳐질 때쯤 나는 조금 덜 아프게 되었다. 아빠의 유언을 되돌아보면서 나는 생각한다.

'난 트라우마 후 성장을 한 것인가?'
'아빠는, 내가 아빠를 잃은 트라우마를 이렇게 성장의 밑거름으로 삼길 바라셨던 걸까? 그래서 그렇게 짧고도 애틋한 유언으로 나를 잡아 주신 건가?'

이런 생각을 하면서 난 감사한 마음을 갖는다. 이 모든 세월과 경험을 거쳐 나는 계속해서 트라우마 후 성장에 대한 연구를 하고 있다. 수십 편의 연구 논문을 쓰는 동안 '트라우마 후 성장이라는 개념의 의미는 무엇인가?', '트라우마 후 성장은 어떻게 실제 생활에 나타나는가?', '트라우마 후 성장에 영향을 끼치는 요인은 무엇인가?', '어떻게 트라우마 후 성장을 도울 수 있는가?' 등의 다양한 주제를 파고들었다.

이 책은 이런 고민 끝에 트라우마 후 성장이라는 개념을 보다 많은 사람에게 소개하고, 우리 현실과 연결 지을 수 있는 방법을 최대한 쉽게 안내하고자 쓰였다. 오늘도 트라우마로 힘든 나날을 보내는 모든 사람들 그리고 아빠를 생각하면서 나는 지금도 트라우마후 성장을 연구한다.

1장

트라우마 이해

트라우마와 스트레스, 그 미묘한 차이

어릴 적 드라마에서 '외상 후 증후군'이란 낯선 용어를 간혹 들은 기억이 있다. 그 당시 나는 이 용어를 드라마 속 인물이 가진 이상한 병 정도로만 이해했다. '외상'이란 무엇일까? 어린 나에게는 단순히 외부에 상처가 생겼다는 말처럼 느껴졌다. 트라우마^{trauma}를 '외상'이라 번역한 탓에, 이 개념이 우리에게 완전히 와닿지 않았던 것이다.

요즘은 '트라우마'라는 단어가 의료계를 넘어 일상생활에서도 자주 쓰이면서 그 의미가 점차 일반화되었다. 심지어 일상적인 스트레스 상황에서조차도 트라우마로 표현하는 경우가 많아졌다. 그럼 스트레스와 트라우마는 동일한 개념일까?

스트레스는 일상에서 흔히 마주하는 어려움이나 부담을 의미한다. 사소한 일부터 큰 사건에 이르기까지 우리는 다양한 형태의 스트레스를 경험한다. 반면, 트라우마는 개인의 정신적 안정을 깊이 흔드는, 대체적으로 급격하고 예기치 않은 사건으로 인한 심리적 상처를 의미한다.

그렇다면 스트레스 상황이 반드시 트라우마를 가져오는 것일까? 아니다. 그렇지 않다. 스트레스는 일상의 어려움이나 부담감을 포괄적으로 설명하는 용어이며, 때로는 성장과 발전에 필요한 동기부여 역할도 한다. 반면, 트라우마는 우리의 정신적 안녕을 심각하게 위협하며, 개인이 그 사건을 어떻게 경험하고 해석하는지에 따라 반응이 달라질 수 있다. 스트레스와 트라우마는 비슷해 보이지만, 정의와 해석 그리고 회복 과정에 본질적인 차이가 있다. 이 차이를 올바르게 이해하는 것은 각 개념에 맞는 적절한 접근과 대응을 가능하게 하며, 우리의 정신 건강을 지키는 데 중요한 역할을 한다.

스트레스가 커지면 트라우마가 될까? 이런 질문은 어느 정도 의미가 있다. 물론 큰 스트레스가 작은 스트레스보다 트라우마로 이어질 가능성이 높다. 하지만 트라우마의 조건이 되기까지는 그것보다 더 근본적인 차이가 필요하다. '트라우마'라고 부르려면 그 사건이 개인의 존재와 생명에 대한 근본적인 위협이 되어야 하며, 이로 인해 세계관, 인생관, 자아관까지 흔들려야 한다. 즉, 트라우마는 그 안에 '변화의 성격'을 담는다. 어떠한 형태로든 트라우마를 겪은 사람은 변화하게 된다. 이전의 '나'와 트라우마를 경험한 이후의 '나'는 명백한 차이를 보인다. 바로 이러한 근본적인 변화의 본질이 스트레스와 트라우마를 구분하는 핵심이다.

우리는 어느 정도 '이 세상은 안전하다'는 믿음을 갖고 살아간다. 누군가는 '정말? 나는 이 세상이 얼마나 위험한지 잘 안다'고 반문할지도 모른다. 하지만 만약 우리가 쉴 새 없이 주변의 위험을 감지하며 살아간다면 그것은 엄청난 스트레스 상황일 것이다. 외출할 때마다 촉각을 곤두세우고, 끊임없이 뒤돌아보며 안전을 확인하며 살아간다면, 그것은 분명 힘겨운 일이다. 그렇기에 우리는 어느 정도는 세상이 안전하다는 무의식적 믿음을 가지고 꽤 가볍게 발을 내딛고 일상을 살아간다.

그러나 트라우마를 경험하게 되면 이런 기본적인 '안전'에 대한 믿음이 송두리째 무너진다. 트라우마는 때때로 '지진 같은 경험'으로 비유되고는 하는데, 이는 상당히 정확한 표현이다. 지진이 발생하면 우리가 당연하게 여기던 발밑의 땅이 무너지고 붕괴되며, '안전'은 완전히 사라진다. 마찬가지로 트라우마를 경험하면 우리의 일상, 삶의 패턴, 심지어 자아까지도 극적으로 흔들린다.

일상적인 스트레스는 대개 시간이 지나면 해소되거나 적응할 수 있다. 그러나 트라우마는 그렇지 않다. 트라우마는 기존의 세계관을 완전히 뒤흔드는 경험으로, 정신과 감정에 깊은 생채기를 남긴다. 이는 때로 우리의 삶을 재정립하게 만드는 극도로 힘든 경험일 수 있다. 물론 우리가 경험하는 사소한 스트레스와 답답함도 결코 가볍게 여겨서는 안 되지만, 그것을 트라우마와 동일 선상에서 이야기하는 것은 위험하다. 왜냐하면 트라우마는 그 규모와 영향력에서 분명한 차이가 있기 때문이다.

대학 교수를 막 시작하던 때였다. 멕시코에서 미국으로 불법 이민한 젊은 여성을 만났다. 열 번의 시도 끝에 성공적으로 국경을 넘은 이야기를 차례차례 들은 나는 충격에 휩싸여 며칠 동안 입맛을 잃을 정도였다.

코요테(불법 이민을 알선하는 범죄 조직)에게 납치되어 집단 강간을 당하다가 살짝 열린 문틈으로 기적처럼 탈출해 정처 없이 사막을 헤맸다는 이야기. 달리는 열차의 화물칸에서 뛰어내리다가 다리를 다쳐 절단했고, 고무보트를 타고 국경을 넘다가 보트가 터져서 목숨을 잃을 뻔했다는 이야기까지. 목숨을 몇 번이나 걸고 국경을 넘으려는 목적은 단 하나, 먼저 미국에 건너간 남자 친구를 만나기 위해서였다. 하지만 열 번의 시도 끝에 마침내 국경을 넘은 뒤, 그녀가 들은 소식은 남자 친구가 며칠 전 살해되었다는 것이었다. 실화라고는 믿기 힘든 이야기를 담담하게 털어놓는 이 사람에게 트라우마는 어떤 의미일까? 나는 오랫동안 고민했다.

같은 시기, 나는 학부 수업을 맡아 가르치고 있었다. 기본적인 개념조차 미리 공부하지 않는 학생들에게 실망한 나는, 다음 주에 시험을 보겠다고 엄포를 놓았다. 1990년대에 한국에서 중등교사로 일한 경험이 있던 나는, 주입식 교육에서 아직은 하늘 같았던 교사의 경험에 비춰 '네, 열심히 공부해서 시험 칠게요'라는 착한 반응을 기대했다. 하지만 예상치 못한 미국 학생들의 반응에 깜짝 놀랐다. "이런 깜짝 퀴즈에 트라우마가 있어요. 시험 취소해 주세요"라고 항변을 하는 것이었다. 물론 정말로 트라우마가 있는 학생이 있었을 수도 있지만, 많은 학생이 스트레스와 트라우마를 혼동하고 있다는 생각이 들었다.

며칠 전, 끔찍한 트라우마의 경험을 참으로 담담하게 내게 털어놓았던 그 여성의 얼굴과 퀴즈 트라우마에 대해 열변을 토했던 학생들의 얼굴이 교차되었다. 그러면서 무엇이 스트레스이고, 무엇이 트라우마인지 더 깊게 생각하고 정확히 구분해야 함을 새삼 느꼈다.

끔찍함의 기준은 누구에게나 다르다

트라우마는 끔찍한 사건이나 경험에 대한 심리적 반응으로 통용된다. 그렇다면 여기서 말하는 '끔찍한'은 어떤 의미일까? 어떤 사건이나 경험은 객관적으로 대부분의 사람에게 끔찍하다고 여겨질 수 있지만, 어떤 경우에는 개인의 주관적인 경험에 따라 끔찍하게 느껴지기도 한다.

- 질병(암, 감기).
- 사고(자동차 사고, 낙상).
- 관계(배우자의 불륜, 욕설).
- 학교(왕따, 시험).

이들 중 어떤 것이 트라우마일까? 어떤 사건은 대부분의 사람에게 명백히 트라우마로 느껴질 것이다. 하지만 어떤 사건은 사람에 따라 혹은 그 사건의 경중에 따라 스트레스로 느낄 수도, 트라우마가 될 수도 있다.

예를 들어, 어떤 남편은 아내의 욕설을 그다지 큰 문제로 받아들이지 않을 수 있다. 반면, 다른 남편은 아내의 욕설 한 번에 깊은 상처와 트라우마를 경험할 수도 있다. 또는 한 번 욕설을 들었을 때는 괜찮았는데, 그것이 매일 반복되자 지속적인 스트레스로 작용하여 결국 트라우마로 이어질 수도 있다.

이렇듯 일상에서 접하게 되는 다양한 사건은 객관적인 실체라기보다는, 우리 각자의 삶을 통해 주관적이고 개별적인 경험으로 다가온다. 그러므로 트라우마의 정의 또한 객관적 사건의 특성에 기반하는 것이 아니라, 그 사건을 겪은 개인의 주관적 경험에 의해 결정된다. 즉, 특정 사건이 트라우마인지 아닌지를 결정하는 것이 아니라, 그 사건이 개인에게 어떠한 심리적 영향을 미쳤는지가 트라우마의 여부를 판단하는 기준이 된다.

일회성 트라우마

일회성 트라우마는 사건이 '한 번만 발생'하며 한 번만 경험하는 트라우마다. 교통사고, 태풍, 화재, 홍수 등의 일회성 사건과 성폭행, 폭행 등의 폭력 사건, 특정 사건의 목격이나 가까운 사람의 갑작스러운 죽음과 같은 간접 사건이 이 범주에 포함된다. 이러한 사건들이 한 번 발생하여 트라우마로 남게 된다.

반복적 트라우마

반면, 어떤 트라우마 사건은 한 번만 일어나는 것이 아니라 '반복적이며 지속적'으로 오랜 시간 동안 발생하기도 한다. 예를 들면, 성폭행이나 폭행이 지인으로부터 반복적으로 이루어지거나, 전쟁과 같은 상황에서 폭력을 여러 차례 혹은 계속해서 직접 당하거나 목격하는 경우 등이 이에 해당한다.

복합적 트라우마

많은 경우 트라우마는 일회성이거나 반복적인 범주로 명확하게 분류될 수 없다. 다양한 트라우마 사건이 '복합적으로 얽혀서' 한꺼번에 경험되기 때문이다. 일회성 트라우마와 반복적 트라우마가 동시에 발생할 수도 있고, 다양한 종류의 일회성 트라우마를 여러 번 경험하게 될 수도 있으며, 여러 계층의 반복적 트라우마가 발생하기도 한다.

왜 트라우마 후 성장인가?

트라우마를 겪은 이들은 극심한 고통을 경험한다. 만일 우리에게 인생의 경험을 선택할 수 있는 권한이 있다면 이 세상 어느 누구도 고통스러운 사건, 즉 트라우마를 절대로 선택하지 않을 것이다. '트라우마'라는 단어에는 본래 극심한 고통이 담겨 있다. 그 단어 뒤에 '성장'이라는 긍정적인 단어를 붙이는 것은 이미 고통받는 많은 사람에게 또 다른 상처가 될 수 있기에 조심스럽다. 그래서 이 책에서 '트라우마 후 성장posttraumatic growth'이라는 단어를 어떤 맥락에서 선택하게 되었는지 먼저 분명히 하고자 한다.

트라우마를 경험한 후 지독한 스트레스와 함께 긍정적인 변화가 일어나는 현상을 지칭하는 전문 용어는 다양하다. 트라우마 후 성장, 왕성한 성장flourishing, 번영감thriving, 변혁적 대처transformational coping, 의미의 발견discovery of meaning 등이 대표적인 예다. 내가 이런 현상에 처음으로 주목하게 되었을 때부터 이 책을 쓰기 시작할 즈음까지, 나는 이 다양한 용어와 개념 중에서 무엇을 선택해 쓸 것인지를 오랫동안 고민했다. 용어 선택은 사소한 결정인 것 같아도 그 안에는 다양한 의도와 의미가 담겨 있기 때문에, '트라우마 후 성장'이라는 용어를 선택한 특별한 이유를 설명하는 것이 중요하다.

첫째, '트라우마'라는 말이 명확히 포함되어 있다. 여러 가지 긍정적인 변화가 단순히 발생하는 것이 아니라 트라우마를 겪었기 때문에, 그것이 전제가 되어 생긴다는 점이 강조된다. 둘째, '성장'이라는 말에는 두 가지 의미가 함축되어 있다. 트라우마 후에 나타나는 긍정적 현상은 저절로 나타나는 결과물인 동시에 개인의 의지를 반영하는 것이다. 여기에 대해서는 추가적인 설명이 필요하다.

트라우마 후 성장은 트라우마를 겪은 후 자연스럽게 나타나는 결과일까? 아니면 개인의 의지로 만들 수 있을까? 이 질문은 학술적으로도 여전히 활발히 논의되고 있는 주제다. 한 관점에서는 트라우마를 호되게 겪고 나서 어느 날, '어, 내가 이렇게 성장했네. 힘들었음에도 좋은 점이 있었네. 내가 이렇게 변화했네'라고 자연스럽게 느끼게 되는 것을 트라우마 후 성장의 결과물로 본다. 트라우마를 겪고 나서 내 의지와 관계없이 어느 날 내가 다른 사람이 되어 있는 것을 발견하고 자아 정체성이 크게 긍정적으로 변화되었음을 느끼는 것이다.

반면, 다른 관점에서는 트라우마를 겪는 과정에서 혹은 그 이후에 '나는 이렇게 힘든 와중에도 긍정적으로 변화하고 싶어', '희망적인 면을 찾고 싶어'라고 개인이 품는 엄청난 의지와 노력에 의미를 부여한다. 즉, 긍정적인 면을 보려 노력하는 것이 바로 트라우마 후 성장이라고 생각한다. 이 이론은 극복 과정과 전략에 중점을 둔다.

또 다른 주장이자 나 또한 고수하는 관점은 트라우마 후 성장을 단순히 과정이나 결과 중 하나로 규정짓기는 어렵다는 것이다. 성장은 트라우마에 맞서는 개인의 노력과 의지의 결과일 수도 있고, 동시에 의지와는 무관하게 트라우마를 경험하며 자연스레 이루어지는 변화일 수도 있다. 의지와 결과는 얽혀 있어 때로는 의지가 결과를 낳고, 결과가 다시 의지를 형성한다. 결국 어떤 변화가 의지에서 비롯된 것인지, 아니면 단순히 자연스럽게 일어난 현상인지 판단하기 어렵다.

이러한 변화의 과정에서 '나'라는 존재가 변하고, 변화된 '나' 자신이 다시 변화를 가속화한다. 나를 비롯한 많은 학자들이 이렇게 생각하는 이유는 트라우마 생존자의 연구와 경험을 통해 트라우마를 이기기 위한 그들의 노력과 극복 과정이 미래의 결과에 어떻게 엉켜 나타나는지를 봤기 때문이다. 이 책은 이러한 복합적인 과정과 결과를 함께 탐구하고자 한다. 때론 의지와 노력에 초점을 맞추고, 때론 노력 없이 의도치 않게 닥치는 결과에 대해 이야기할 것이다.

트라우마의 성장은 절대로 독립적으로 존재하지 않고, 꼭 트라우마 후 스트레스posttraumatic stress와 깊이 연관되어 있음을 강조하고 싶다. 그래서 '트라우마'와 '성장', 둘 사이의 조화를 표현하기 위해 '트라우마 후 성장'이라는 표현을 사용하기로 결정했다. 아픔이 지나간 뒤에도 여전히 존재하는 긍정적이며 부정적인 영향은 그리스 신화에 나오는 야누스의 얼굴처럼 공존한다. '아픈 만큼 성숙한다'는 유행가 가사처럼 트라우마 후 스트레스와 성장은 끊임없이 깊은 연관을 맺는다.

실제로 내 박사 논문에서도 '트라우마 후 스트레스'와 '트라우마 후 성장' 간의 관계는 산 모양의 곡선으로 나타났다. 스트레스가 일정 수준 이하일 때는 성장이 별로 없다가, 스트레스가 증가함에 따라 성장 또한 증가한다. 그러나 이 역시 한계가 있어 스트레스가 일정 수준을 초과하면 성장은 감소하기 시작한다.

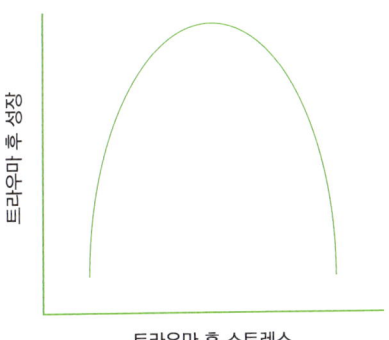

그러므로 '트라우마, 스트레스, 성장'이라는 이 모든 요소와 경험을 함께 고려하면서 이해하려 노력할 때, 우리는 더욱 깊이 있는 통찰을 얻을 수 있다. 이런 생각을 담아 '트라우마 후 성장'이라는 용어와 개념을 선택했다. 트라우마 후 성장은 이 개념이 이해되고 확립된 사회에서 더 수월하고 활발하게 이루어진다. 우리 사회가 그런 사회가 되기를 꿈꾸며, 트라우마 후 성장에 대한 사회적인 인식과 관심이 더욱 확산되기를 바란다.

트라우마 후 성장과 관련하여 탄력성 개념도 살펴볼 필요가 있다. 1998년 프로마 월시 Froma Walsh는 탄력성을 "고난을 극복하고 그로부터 더욱 강하고 능력 있는 상태로 변화하는 것"이라고 정의했다. 트라우마 후 성장과 탄력성 사이에는 여러 가지 논의가 있다. 어떤 학자들은 두 개념이 동일하다고 보며, 어떤 학자들은 전혀 다르다고 본다. 또 어떤 학자들은 이 둘이 서로 겹치거나, 하나가 다른 하나에 포함된다고 주장한다. 이처럼 복잡한 학문적 논의를 깊게 공부할 필요는 없지만, 트라우마 후 성장과 탄력성 사이의 관계를 이해하고, 탄력성에서 배울 수 있는 것을 학습하는 일은 지혜롭다고 생각한다.

탄력성은 회복, 저항, 재구성으로 이루어져 있다. 폭풍이 몰아치는 가운데 나무 한 그루가 서 있다. 폭풍의 엄청난 힘으로 나뭇가지까지 휘어진다. 하지만 폭풍이 멈추면 나무는 다시 원래의 모습으로 돌아온다. 이것이 바로 '회복'이다. 폭풍처럼 닥친 현실에서 매일의 루틴이 바뀌고, 마음이 상하고, 관계가 다치지만, 그 현실이 잦아들면 다시 예전의 모습을 되찾는 것이 회복이다.

폭풍이 몰아쳐도 나무가 원래의 모습을 유지하며 꿋꿋하게 버티는 모습은 '저항'이다. 트라우마를 겪으면서도 일상의 변화 없이 기존에 하던 운동을 그대로 하고, 가족 여행을 지속하며, 심리 상태도 변함없이 유지한다면, 이것이 바로 저항이다.

다음으로 '재구성'을 이해하려면 폭풍이 자주 지나가는 곳에 선 나무를 상상해 보면 된다. 나무는 바람의 방향에 따라 유연하게 가지와 잎을 휘날리며 부러지지 않게 모양을 바꾸고, 비바람으로 다친 곳이 아무는 동안 안전한 방향으로 새로운 가지를 만들어 바람에 더욱 잘 견디도록 한다. 트라우마 후 이전으로 돌아가는 것이 아니라, 변화된 삶의 형태와 모습으로 새로운 시작을 하는 것, 그것이 재구성이다.

탄력성의 세 가지 요소 중에서 '재구성'은 트라우마 후 성장의 핵심인 변화 transform 와 유사한 특성을 갖는다. '변화 trans + 형상 form' 이라는 어원처럼, 트라우마 후 성장은 고통의 흔적 위에 새로운 의미와 정체성을 형성해 가는 여정이다.

트라우마는 나에 대한 생각, 세상에 대한 관점과 믿음 그리고 삶의 의미까지 송두리째 흔들고 부서뜨리는 경험이다. 인간이라면 누구나 삶 속에서 크고 작은 생사고락을 겪으며, 그 가운데 누구도 트라우마를 피할 수 없다. 어떤 이들은 더 깊은 고통을 겪기도 한다.

하지만 우리는 그 속에서도 조금씩 성장하며, 더 성장하기 위해 애쓰며 살아간다. 부서진 나를, 친구들을 보듬고 다시 세워 재구성한다. 그래서 트라우마와 성장은 서로 어울리지 않는 듯하지만, 결국 인간 삶의 가장 깊은 자리에서 늘 함께하는 이야기다.

2장

트라우마 후 스트레스

트라우마
자가 진단 측정법

　트라우마를 경험한 후에 나타나는 다양한 증상은 '트라우마 후 스트레스'라고 불린다. '후'라는 단어에 대해 명확한 설명이 필요하다. 일회성 트라우마의 경우, 트라우마 사건이 일어난 '후'의 경험으로 본다. 그러나 반복적 또는 복합적 트라우마의 경우는 다르다. 이 경우에는 트라우마가 여러 번 발생하거나 지속되기 때문에, 단순히 트라우마 사건의 전과 후로 구분하기 어렵다. 트라우마의 시작과 끝, 심지어 그사이의 구분이 모호할 수 있다. 그렇기 때문에 트라우마 후 스트레스는 트라우마를 겪는 동안에도 발생할 수 있다는 것을 이해해야 한다.

　큰 병을 앓게 되면서 겪는 의료적 트라우마 상황을 생각해 보

자. 대개 환자는 심각한 증상에 시달리다가 병원을 찾게 되고, 검사 결과를 기다리는 동안 불안에 시달린다. 결국 예기치 못한 진단을 받고, 어떻게 대응할 것인지를 빠르게 결정해야 하며, 이후의 치료와 후유증, 병원 생활 등 모든 과정이 독립적인 트라우마로 작용한다. 이러한 일련의 경험은 통틀어 큰 트라우마로 볼 수도 있다. 특히 후유증은 평생 동반할 수 있기 때문에 어디까지가 트라우마인지 명확히 구분하기 어렵다. 또한, 트라우마의 종료 시점을 규정하는 것도 명확하지 않다. 따라서 트라우마와 관련된 스트레스를 고려할 때, 트라우마의 시작과 끝보다는 그 과정에서 발생하는 여러 가지 반응을 포괄적으로 생각하는 것이 바람직하다.

그렇다면 트라우마 후 스트레스는 어떻게 나타나는가? 심리 및 정신 건강 전문가들은 다양한 도구를 사용하여 트라우마 후 스트레스 장애posttraumatic stress disorder, PTSD를 진단한다. 이 책에서는 개인이 자가 진단을 위해 사용할 수 있는 척도 중 사건의 영향도 측정 설문지impact of event scale-revised를 간단히 소개하겠다. 이 척도는 22개의 문항으로 이루어져 있으며, 일주일 동안 경험한 감정을 본인이 평가하는 방식이다. 이 척도는 PTSD를 의학적으로 진단하는 것이 아니라, 본인의 심리 상태를 파악하여 PTSD의 가능성을 확인하는 데 사용된다는 점을 참고하자.

표 1 사건의 영향도 측정 설문지

지난 일주일간 다음과 같은 경험을 얼마나 했는지에 따라 대답해 보자.

	내용	점수
1	그 사건을 떠올리게 하는 어떤 것이 당시의 감정을 다시 불러일으켰다.	
2	수면을 지속하는 데 어려움이 있었다.	
3	다른 일을 하다가 그 사건이 떠올랐다.	
4	그 사건 이후 예민하고 화가 많아졌다고 느꼈다.	
5	그 사건에 대해 생각이 떠오르면 혼란스러워져서 회피하려고 했다.	
6	생각하지 않으려고 해도 그 사건이 떠올랐다.	
7	그 사건이 마치 실제가 아닌 것처럼 비현실적으로 느껴졌다.	
8	그 사건을 상기시키는 것들을 멀리하며 지냈다.	
9	그 사건의 영상이 나의 마음속에 갑자기 떠올랐다.	
10	신경이 예민해졌고 쉽게 깜짝 놀랐다.	
11	그 사건에 대해 생각하지 않으려고 노력했다.	
12	그 사건에 대해 여전히 많은 감정이 남아 있음을 알지만, 신경 쓰고 싶지 않았다.	
13	그 사건에 대한 내 감정이 무감각하게 느껴졌다.	
14	마치 사건 당시로 돌아간 것처럼 느끼거나 행동한 적이 있었다.	
15	그 사건 이후로 잠들기가 어려웠다.	
16	그 사건에 대한 강한 감정이 물밀듯 밀려오는 것을 느꼈다.	
17	기억에서 그 사건을 지우려고 애썼다.	
18	어떤 일에 집중하는 데 어려움을 겪었다.	
19	그 사건을 떠올리게 하는 무언가로 인해 식은땀, 호흡 곤란, 오심, 심장 두근거림 같은 신체적 반응을 경험했다.	
20	그 사건에 대한 꿈을 꾼 적이 있었다.	

| 21 | 스스로 주위를 경계하고 감시한다고 느꼈다. | |
| 22 | 그 사건에 대해 이야기하지 않으려고 노력했다. | |

※ 전혀 아니다(0), 조금 그렇다(1), 중간이다(2), 많이 그렇다(3), 아주 많이 그렇다(4)

모든 항목의 점수를 더해서 총점이 24~32점 사이라면 PTSD가 의심되는 상태이며, 33~38점 사이라면 PTSD 진단 가능성이 높다. 그리고 39점 이상은 면역 체계에 이상을 초래할 만큼 매우 심각한 상태로 간주된다.

플래시백

'플래시백flashback'이라는 현상은 과거의 트라우마 상황을 현재 순간에 '재경험'하는 것이다. 플래시백은 영화나 문학에서 주로 사용되는 기법으로, 주인공이 현재의 순간에서 벗어나 갑자기 과거의 어떤 장면으로 이동해 그 순간을 회상한다. 이때의 과거 경험은 마치 현재를 사는 것처럼 생생하게 느껴진다. 과거 회상이 끝나면 주인공은 다시 현실로 돌아와 현재의 이야기를 계속한다. 이러한 현상, 즉 현재의 이야기에 과거의 장면이 삽입되는 것처럼 선명한 경험으로 되풀이되는 것을 '플래시백'이라 한다.

트라우마 후 스트레스의 중요한 증상 중 하나인 플래시백은 단순한 기억과는 다르다. 단순히 그 시절의 기억이 인지적으로 돌아오는 것이 아니라 눈, 귀, 피부 등 여러 감각을 통해 그 순간을 다시 그대로 경험하는 것과 유사하다.

몇 년 전, 지연은 심각한 교통사고를 겪은 이후 아무 일 없이 지냈다. 그러던 어느 날, 지연은 출근길 횡단보도 앞에 서 있었다. 평소처럼 신호가 바뀌길 기다리던 그 순간, 맞은편에서 한 차량이 급하게 브레이크를 밟는 소리가 들렸다. 그 짧은 소리에 그녀의 몸은 마치 경보를 받은 듯 반응했다.

갑자기 눈앞의 거리와 사람들, 차량 소음이 사라졌다. 그녀는 어느새 사고가 났던 그날의 도로 위에 서 있었다. 차가 돌진하던 순간의 바람 소리, 유리창 깨지는 소리. 시야가 흔들리고, 심장이 미친 듯이 뛰었던 그 감각이 되살아났다. 심장은 조여 오고, 숨이 턱 막히며, 손끝은 차가워졌다. 입었던 옷의 감촉, 차 안에 퍼진 향기, 사고 직전 운전자의 외침까지 떠올랐다.

그녀의 몸은 지금 이곳에 있지만, 그녀의 감각과 감정, 인식은 완전히 과거에 붙잡혀 있는 상태였다. 그녀는 자신이 사고 현장에 다시 있다는 착각에 빠져 발을 움직이지 못했고, 주변의 상황도 인지할 수 없었다. 누군가 그녀의 팔을 툭 건드리며 "괜찮으세요?"라고 물었을 때에야 간신히 정신을 차릴 수 있었다.

트라우마 기억은 특정 감각 자극(소리, 냄새, 빛, 신체 감각)을 계기로 과거의 경험이 마치 지금 일어나는 일처럼 생생하게 되살아나게 만든다. 단순히 그 시절을 '기억하는 것'이 아니라, 그 순간을 '다시 사는 것'과 같은 재경험이 일어난다.

플래시백은 신체와 감정, 또는 양쪽 모두 트라우마 상황에 다시 빠져드는 '생리적인 반응'이다. 플래시백이 뇌에서 어떤 생리작용으로 인해 발생하는지 살펴보자. 우리가 어떤 경험을 기억으로 남기기 위해서는 뇌 속에서 기억을 담당하는 두 가지 주요 기관이 균형을 이루며 작동해야 한다. 바로 편도체와 해마다.

편도체가 하는 일은 감정의 기억, 특히 공포와 관련된 기억 형성에 큰 역할을 한다. 이는 생존을 위해 매우 중요한 것으로 과거의 위협을 기억하고 다시 비슷한 위협이 닥쳤을 때 생리적인 반응을 통해 즉각적으로 대처할 수 있도록 도와준다. 반면, 해마는 경험의 다양한 요소들을 모아서 조직적으로 정리해 준다. 우리는 인생을 살면서 편도체와 해마의 협력을 통해 경험을 습득하고 추억과 기억을 차곡차곡 쌓으며 살아간다.

트라우마 상황에서는 이런 기억 시스템에 비상등이 켜진다. 편도체는 과하게 활성화되고, 해마는 억제된다. 생존의 측면에서 보면 매우 효율적인 전략이다. 위협적 상황에서 기억을 조직화하는 데 에너지를 쓰는 것보다는 즉각적 위험과 반응에 집중하는 것이 훨씬 중요하기 때문이다. 그러니 트라우마 경험의 기억들은 조각나고 혼란스럽게 저장되는 게 어쩌면 당연하다. 트라우마 생존자들의 이야기를 듣다 보면 사건이 어떤 순서로, 어떤 연결 고리로 발생했는지에 대해서는 잘 기억하지 못하지만, 특정 공포와 위협 그리고 그에 따른 강렬한 감정은 또렷하게 남아 있는 일이 흔하다.

플래시백은 자율 신경계, 특히 교감신경이 극도로 활성화되면서 맥박이 빨리 뛰고, 숨 쉬기가 곤란해지고, 근육이 수축되는 극심한 신체적 반응까지 일으킨다. 과거와 현재를 구별하지 못하게 되면서 과거에 일어났던 사건이 현재의 일처럼 경험된다. '나'와 '현실'을 잃어버리는 것 같은 느낌도 동반된다. '이게 꿈인가 현실인가?', '나는 살아 있는 걸까, 죽어 가는 걸까?'라는 혼란스러운 질문까지 하게 된다.

플래시백의 가장 고통스러운 점 중 하나는 '현재로 돌아오는 데 시간이 걸린다'는 것이다. 영화 속 플래시백은 감독의 지시에 따라 자유롭게 현재와 과거를 넘나들지만, 트라우마의 플래시백은 마치 악몽 속에서 생생하고도 다급하게, 그것이 꿈인지 모르고 계속해서 도망치는 느낌과도 같다. 플래시백에 빠진 사람은 주변 사람들이 아무 일도 없다고 말하거나, 상황이 안전하다고 설명하더라도 이를 인지하지 못한다. 마치 나와 상대방 사이에 두꺼운 장막이 쳐진 것처럼 모든 것이 멀고 아득하게 느껴진다. 이는 수영장 물속에 잠겨 물 밖에 있는 사람의 모습을 보고 목소리를 듣는 것과 비슷한 경험일 것이다.

플래시백의 경험은 트라우마의 공포를 재경험하는 괴로움과 더불어 수치심과 혼란을 안겨 주기도 한다. '왜 나는 이렇게 반응하지?', '나만 이상한 건가?', '내가 미쳐 가는 건가?'라는 생각으로 고립감이 커진다. 플래시백이 예고 없이 찾아오기 때문에 증상의 반복을 피하고자 사회적 상황을 회피하기도 한다. 플래시백은 정상적인 트라우마 반응의 일부이며, 비정상이 아니라 '신체가 살아남기 위해 작동하는 방식'이라는 점을 이해해야 한다.

되풀이되는 기억

우리 모두는 살면서 수많은 경험을 하고, 세월이 흐르면서 그 기억은 우리 안에 차곡차곡 쌓인다. 때로는 무심코 걷다가 불어오는 바람결에, 오래된 노래 한 소절에, 익숙한 냄새에 문득 과거의 한순간이 떠오르기도 한다. 기억은 추억이 되기도 하고, 단순한 회상이 되기도 하며, 어떤 기억은 스치듯 떠올랐다가 조용히 사라지기도 한다. 또 어떤 기억은 우리가 의도적으로 떠올리며 곱씹기도 한다. 그렇게 우리는 기억이라는 흐름 속에서 과거와 현재를 잇는 고리를 만들며 살아간다.

그러나 트라우마 이후에 나타나는 기억은 이런 자애로운 추억과는 성격이 다르다. 이 기억은 우리가 원하지 않아도, 준비되어 있지 않아도 불쑥 그리고 거침없이 떠오른다. 마치 감정과 몸을 강제로 끌고 들어가는 내면의 파도처럼 이 기억은 '지금 이곳'에서 살아가는 우리의 삶을 흔들고 무너뜨린다. 떨쳐 내려고 해도 떨쳐지지 않고, 눈앞에 있는 현실이 자꾸만 과거의 장면으로 뒤덮이기 시작한다. 해야 할 일이 쌓여 있어도, 누군가와의 약속이 있어도, 아이를 돌보는 중이라 해도, 트라우마의 조각들이 머릿속에 침투하면서 집중력과 일상성을 빼앗는다. 때로는 '지금 여기에 존재하는 것'조차 어려워지고, 숨만 쉬어도 그런 현실마저 버겁게 느껴진다.

이러한 반복적 기억은 앞서 언급한 플래시백과 유사해 보이지만, 분명히 다른 특징이 있다. 플래시백이 주로 감각적이고 생리적인 재경험이라면, 반복되는 기억은 좀 더 인지적이고 침습적인 방식으로 머릿속에 떠도는 영상처럼 스며들거나 마음속 어두운 틈으로 들이닥친다. 이 기억은 마음이 잠시 느슨해진 틈을 비집고 들어와 생각과 감정을 휘몰아치게 만든다.

민정은 팀장의 호출을 받고 조심스레 회의실 문을 열었다. 평소처럼 짧은 피드백일 거라 생각했지만, 상사의 목소리가 조금 높아지고 말의 흐름이 끊기자, 그녀의 머릿속에 오래된 기억 하나가 불쑥 떠올랐다.

그 기억은 고등학교 2학년 겨울, 한파로 유난히 교실이 차갑던 날이었다. 조용히 앉아 있던 그녀는 갑자기 교탁 앞으로 불려 나갔고, 담임교사는 그녀의 실수를 지적하며 반 전체 앞에서 꾸짖었다. 무수한 눈동자가 자신을 향해 있었고, 민정은 손이 굳고 얼굴이 화끈거리는 감각을 아직도 기억했다. '왜 그땐 아무 말도 못 했을까?' '내가 정말 그 정도로 잘못한 걸까?' '그때 창문 너머로 도망쳤다면 어땠을까?'

"내 말 안 들려요?"

팀장의 호통에 민정은 정신을 가다듬었다. 그제야 현실로 돌아온 듯했지만, 마음속에서는 여전히 그 기억이 완전히 꺼지지 않은 채 그녀를 흔들었다. 그녀는 단지 회의실에 있었던 것이 아니라, 생각이라는 고리에 붙잡혀 기억을 되씹었다.

이런 증상은 감각을 동반한 '플래시백'이라기보다는 머릿속을 맴도는 '되새김질'의 형태로 반복된다. 상사의 말을 들으면서도 마음 한편에 계속해서 옛 기억의 장면을 다시 꺼내고, 다시 분석하고, 다시 비난한다. '지금도 그때처럼 아무 말도 못 하는 건 아닐까?' '사람들은 내가 어리석다고 생각하지 않을까?' '왜 나는 늘 이런 상황에서 얼어붙는 걸까?' 생각은 꼬리를 물고 이어진다.

회의실에서 상사는 피드백을 주고, 그 앞에 선 민정의 내면에서는 자기 자신에 대한 질문과 자책, 회피하고 싶은 기억의 반복 재생이 끊이지 않는다. 반복적으로 떠오르고 과도하게 분석되는 이러한 기억은 사고의 공간을 점점 잠식하며, 지금 이 순간에 집중하는 능력을 약화시킨다. 생각은 현실보다 더 선명하고 강하게 느껴져, 결국 우리는 눈앞에 있는 실재보다 머릿속의 '그날의 목소리'에 더 크게 반응하는 자신을 발견한다.

되새김질은 단순한 기억의 반복이 아니다. 이는 트라우마 이후 인지의 습관화된 방식이자, 자기 방어의 실패로부터 비롯된 깊은 혼란과 통제감 상실의 표현이다. 많은 이들이 '왜 내가 이토록 사소한 자극에 흔들릴까'라고 자책하지만, 사실 이는 뇌와 마음이 아직 해결되지 않은 위협을 반복해서 점검하고 해석하려는 시도다. 되풀이되는 기억과 되새김질은 고통스럽지만, 동시에 회복을 향한 마음의 신호이기도 하다. 아직 그 기억이 치유되지 않았음을 말해 주는, 그리고 안전한 곳에서 다루고 해결되기를 기다리는 마음의 목소리다.

악몽

'플래시백'이나 멈추지 않고 일상을 방해하는 '되풀이되는 기억'은 낮 시간뿐만 아니라 밤에도 그 영향력을 발휘한다. 그것은 마치 낮에 조용히 억눌러 두었던 감정과 기억이 의식의 통제가 느슨해지는 밤을 틈타 무의식의 무대 위로 올라오는 것과 같다. 몸은 피로에 지쳐 잠을 청하지만 마음은 여전히 경계 상태를 벗어나지 못한 채, 꿈속에서조차 과거의 위협과 마주한다.

이러한 악몽은 단순히 '무서운 꿈'이나 '불쾌한 장면'으로 끝나지 않는다. 트라우마와 연결된 악몽은 매우 생생하고, 강렬하며, 때로는 신체 반응까지 동반한다. 꿈속에서 울부짖고, 식은땀을 흘리고, 가슴이 조여 깨어나는 일은 드물지 않다. 이 악몽은 트라우마 당시 느꼈던 공포, 무력감, 수치심 같은 감정을 반복 재현하며, 자는 동안조차도 안전하지 않다는 인식을 강화한다.

　수연은 성인이 되어서도 어릴 적 반복적으로 겪은 가정 내 폭력의 영향을 벗어나지 못했다. 낮에는 일에 몰두하며 나름의 일상을 유지했지만, 밤이 되면 이야기는 달라졌다. 잠자리에 들기 전까진 멀쩡했던 그는 자주 한밤중에 갑작스럽게 깼고, 그때마다 숨이 가쁘고, 이불이 땀에 젖어 있으며, 눈가에는 눈물이 고여 있었다. 꿈의 내용은 늘 같거나 비슷했다.
　부엌에 앉아 있는 어린 자신, 거친 발소리, 누군가 문을 세게 닫고 들어오며 소리치는 장면, 몸을 웅크리며 벽 쪽으로 도망치고 싶은 감정. 정확히 어떤 말이 오갔는지는 기억나지 않았지만, 꿈속에서 수연은 분명히 그날의 감정(두려움, 얼어붙음 그리고 도망치고 싶은 충동)을 다시 느꼈다.
　아침이 되어 눈을 떠도 피로는 가시지 않았다. 현실은 고요했지만 몸과 마음은 여전히 꿈속의 위협에 노출된 상태로 남아 있었고, 그는 하루를 시작하는 것이 두렵기까지 했다. 수면은 더 이상 회복의 시간이 아니라, 또 다른 위협을 마주해야 하는 시간이 되어 버렸다.

　트라우마와 관련된 악몽은 단순히 무의식 속의 장면 재생이 아니라, 해결되지 않은 감정과 기억이 수면 중에도 여전히 살아 있다는 증거다. 특히 어린 시절의 트라우마일수록 언어로 표현되지 못했던 감정이 이미지와 신체 감각으로 더 자주 나타나며, 이는 꿈이라는 형태로 반복된다.

    트라우마성 악몽은 수면의 질을 떨어뜨릴 뿐 아니라 전반적인 안정감, 자기 효능감, 정서 조절 능력에도 큰 영향을 미친다. 꿈은 현실이 아니지만, 그 꿈에 반응하는 몸과 마음은 현실 그 자체이기 때문이다. 반복되는 악몽은 삶의 리듬을 무너뜨리고, 자는 동안 휴식하지 못하게 만들며, 때로는 잠드는 것 자체가 두려운 일이 되기도 한다. 하지만 이런 악몽이 반복된다는 것은 단지 고통을 의미하는 것이 아니다. 그것은 마음 깊은 곳에서 아직도 해결되지 못한 장면들이 밤이라는 틈을 타 조용히 신호를 보낸다는 뜻이기도 하다. 낮에는 잊은 줄 알았던 것들이 의식의 감시가 느슨해진 순간에 모습을 드러내며 말없이 속삭인다. "나는 아직 여기에 있어. 나를 봐 줘."

    악몽은 이겨 내야 할 대상이기보다 들어 줘야 할 이야기다. 그것은 억지로 밀어내야 할 불청객이 아니라 아직도 말하지 못한 마음의 한 조각이 다른 방식으로 존재를 알리는 것이다. 혼자 견디려 하기보다 누군가와 그 이야기를 함께 나누고, 그때의 자신을 조금 더 이해해 줄 수 있을 때 꿈은 더 이상 낯선 위협이 아닌 회복을 위한 은밀한 안내자가 된다.

트리거

스페인의 가수 겸 작곡가인 후안 마누엘 세라 Joan Manuel Serrat 의 아름다운 곡 중에 〈작은 것들 Aquellas Pequeñas Cosas〉이라는 노래가 있다.

> 우리는 믿는다.
> 시간과 부재가 작은 것들을 죽였을 거라고.
> 하지만 기차는
> 왕복표를 팔았다.
>
> 그 작은 것들.
> 장밋빛 시절의 시간이 남긴 것들.

저기 구석 자리에, 한 장의 종이 위에,
또는 서랍 안에.

도둑처럼
문 뒤에서 서성거리고,
너를 휘두른다.
죽은 나뭇잎이.

바람에 이리저리 끌고 다니듯이.

너를 보며 슬프게 미소 짓고
우리를 울게 만든다.

아무도 우리를 보지 않을 때.

    이 노래는 일상 속 작은 것들과 기억의 중요성을 노래한다. 시간이 흘러 사람과 사건은 모두 사라졌지만, 사실 그 작은 것들은 여전히 우리의 마음과 머릿속에 존재한다. 아주 사소한 것들이 어떻게 '트리거trigger'가 되어 우리의 감정에 영향을 미치는지를 묘사한다. 이 노래는 또한 향수와 기억의 씁쓸한 본질에 대해 말한다. 이 작은 것들, 즉 트리거는 때로는 우리가 가장 예상하지 못한 때에 감정을 일으키는 능력이 있다. 기억은 아름다운 것일 수도 있고 끔찍한 것일 수도 있다.

트리거는 '방아쇠'라는 뜻이다. 방아쇠를 당기면 엄청난 속도로 총알이 튀어 나가고, 총알은 인정사정없이 과녁을 향해 날아간다. 이처럼 내가 경험한 트라우마와 아주 비슷한 상황을 보고 트라우마가 상기되기도 하고, 혹은 조금은 동떨어진 것 같아도 상징적으로 나의 트라우마가 건드려지는 경우도 있다. 이런 것들이 마치 방아쇠처럼 트라우마의 트리거가 된다. 이런 트리거에 의해서 극심한 스트레스를 느끼는 것 또한 트라우마 후 스트레스 증상 중 하나다.

몇 년 전, 유진은 응급수술을 받았다. 원인을 알 수 없는 통증으로 병원에 실려 갔고, 정신없이 수술대에 올라야 했다. 그 과정에서 의료진의 빠른 판단과 절차는 그녀에게 생존의 순간이자 동시에 통제력을 완전히 빼앗긴 경험으로 남았다.

그 후 시간이 지나 몸은 회복되었지만, 병원이라는 공간과 관련된 감정은 사라지지 않았다. 어느 날, 지인의 보호자로 함께 병원에 방문한 유진은 대기실에서 들려오는 심전도계의 '삑삑' 소리와 의료진의 빠른 발걸음에 갑자기 심장이 뛰기 시작했다. 손바닥에 땀이 찼으며, 몸이 안에서부터 얼어붙는 듯한 느낌이 들었다.

그곳은 안전했고, 그날의 의료진은 한 명도 없었으며, 그녀는 더 이상 환자도 아니었다. 하지만 '삑삑' 소리 하나가 그녀의 내면 깊은 곳에 남아 있던 기억의 방아쇠를 당겼다. 순간적으로 머릿속에 그날의 장면이 떠올랐고, 무력했던 자신의 모습이 겹쳤다. 바로 옆에서 말을 거는 지인의 목소리조차 들리지 않았다.

트리거는 반드시 똑같은 상황에서 작동하는 것은 아니다. 직접적인 유사성이 없어 보이는 상황이라도 상징적이거나 감각적인 고리가 있다면, 우리 뇌는 과거의 경험과 현재를 빠르게 연결한다. 예컨대, 누군가의 얼굴이 살짝 붉어졌을 뿐인데도 어린 시절 화난 아버지의 얼굴을 떠올리며 무조건적인 공포 반응을 보이거나, 어떤 냄새나 음악이 특정 장소의 기억을 불러와 강한 정서 반응을 일으키기도 한다.

트리거는 반드시 눈에 보이는 명확한 연결을 통해서만 작동하지 않는다. 오히려 그 연결이 명확하지 않기 때문에 사람들은 '왜 내가 이 상황에서 이런 반응을 하는 걸까?' 하고 당황한다. 또, 주위의 다른 사람들도 과도한 반응이라고 느끼며 이해하지 못한다. 바로 이 지점이 트리거가 더 혼란스럽고 고립된 느낌을 주는 이유다. 사소한 냄새, 특정한 조명, 누군가의 말투, 혹은 몸의 특정한 감각처럼 트리거는 일상의 틈새 어디에나 숨어 있다. 그래서 트라우마를 가진 사람들은 종종 자기 자신조차 경계한다. 언제, 어디서, 어떤 장면이 나를 다시 무너뜨릴지 모르기 때문이다.

결국 트리거란, 외부의 자극을 통해 내가 아직 마주하지 못한 상처가 어디에 있는지를 보여 주는 '비가시적인 이정표'다. 그것은 회피해야 할 대상이 아니라, 나의 경계와 한계를 새롭게 인식할 수 있는 출발점이 된다. 그 출발점을 알게 되는 것만으로도 우리는 더 이상 무방비 상태로 기억에 휩쓸리지 않게 된다.

신체적 반응

트라우마는 때로 너무 조용하고 간접적으로 나타나기 때문에, 그것이 트라우마에서 비롯된 것인지 정작 본인도 알아차리지 못하는 경우가 많다. 어느 날은 온몸이 이유 없이 아프고, 식은땀이 나며, 몸의 일부가 떨리기도 한다. 어깨는 돌처럼 굳고, 손끝은 저리며, 이유 모를 두통이 며칠씩 이어진다. 밤마다 잠들기 어렵고, 깊게 자지 못해 늘 피곤한 상태가 지속된다. 하지만 병원에서는 특별한 원인을 찾지 못한다. 통증 클리닉, 정형외과, 한의원을 전전하며 MRI를 찍고, 마사지를 받고, 침 치료까지 해 보지만 증상은 여전하다.

이럴 때 사람들은 흔히 '몸이 안 좋은가 보다'라고 생각한다. 그러나 이 증상들은 때로 마음의 고통이 몸을 통해 말하는 것이다. 우리의 몸과 마음은 결코 분리된 존재가 아니며, 마음이 감당하지 못한 고통은 종종 신체의 언어로 전환되어 나타난다.

정아는 오랫동안 극심한 피로와 통증에 시달렸다. 특히 어깨와 목의 뻣뻣함은 일상생활을 방해할 정도였다. 밤에 깊게 잠들지 못하고 자주 깼다. 여러 병원을 돌았지만 특별한 이상은 없다는 말만 반복되었고, 통증은 지속되었다. 그러던 어느 날, 심리 상담을 받던 중 오랜 시간 말하지 않았던 기억 하나가 떠올랐다. 중학생 때 친척으로부터 부적절한 신체 접촉을 당하고도 아무에게도 말할 수 없었던 그날의 기억이었다. 정아는 말했다.
"그 일이 생각나면 늘 어깨가 무거워져요. 꼭 누가 이 위에 올라타 있는 것 같아요."
그제야 그녀는 통증이 단지 '몸의 문제'가 아니라는 것을 알게 되었다. 그녀가 기억을 떠올리기도 전에 몸이 먼저 기억했던 것이다.

이와 같은 트라우마 반응은 성인뿐만 아니라 아이에게도 신체적 증상으로 우회되어 나타날 수 있다. 갑작스러운 복통이나 두통, 구역질, 메스꺼움, 식욕 부진. 또는 밤에 혼자 자는 것을 두려워하거나, 이유 없이 울거나 웃지 않는 행동으로 나타나기도 한다. 특히 어린아이는 자신의 감정과 경험을 언어로 표현하는 데 어려움이 있기 때문에, 몸과 행동이 말 대신 신호를 보낸다.

예를 들어, 오랜 시간 정서적 불안을 느끼거나 위협을 받은 경험이 있다면 아이는 갑작스럽게 야뇨, 손가락 빨기, 떼쓰기, 친숙했던 사람과 거리 두기 같은 회귀 행동을 보일 수 있다. 때로는 '이 아이가 왜 갑자기 이렇게 변했지?'라는 의문이 생길 만큼 뚜렷한 이유 없이 조용해지거나 극도로 민감해지는 모습도 나타난다.

또한, 아이와 성인 모두에게서 공통적으로 나타나는 정서적 반응에는 지속적인 긴장 상태, 불안감, 안전에 대한 집착, 사람을 피하려는 경향, 우울, 과민 반응, 인간관계 회피, 감정 표현의 차단 등이 있다. 밤이 되면 더 심한 공포를 느끼고, 혼자 있는 것을 두려워하거나 잠드는 것 자체를 무서워하는 경우도 적지 않다.

이처럼 트라우마는 단지 한 번의 사건이 아니라, 그 이후 오랜 시간 동안 몸과 마음을 다양한 방식으로 흔드는 감정의 흔적이다. 그러나 문제는 이 신호들이 병원이나 일상생활에서는 '명확한 원인이 없는 증상'으로 여겨지며, 무시되거나 오해받기 쉽다는 점이다.

몸은 언제나 진실을 안다. 마음이 감당하기 어려운 고통은 몸이 대신 기억하고, 느끼고, 말한다. 우리가 해야 할 일은 그 신호를 부정하거나 억누르는 것이 아니라, 몸의 언어를 이해하려 애쓰는 것이다. 때로 치료는 고통을 사라지게 하는 것이 아니라, 그 고통이 왜 그 자리에 있었는지를 묻는 일에서 시작된다.

/ 3장

트라우마 후 성장

트라우마 후 성장의
다섯 가지 영역

트라우마 후 스트레스에 대한 연구는 특히 1980년대 이후 활발히 이루어졌다. 이 과정에서 트라우마가 인간에게 미치는 심리적, 신체적 영향이 얼마나 심각한지를 입증하는 연구가 쏟아져 나왔다. 많은 연구에서 트라우마 경험이 불안, 우울, 플래시백, 신체 증상 등 다양한 부정적 결과를 초래한다는 사실을 밝혀냈고, 이는 임상 현장에서 트라우마에 대한 개입이 왜 중요한지를 강조하는 데 큰 역할을 했다.

그런데 이러한 스트레스 연구 과정 속에서 예상치 못한 결과가 등장하기 시작했다. 극심한 시련과 역경을 겪은 사람들 중 일부가 트라우마 이후 오히려 삶에 대한 새로운 통찰과 긍정적인 변화를 경험한다는 보고가 심심치 않게 나타난 것이다. 고통의 한가운데 있었음에도 어떤 사람은 이전보다 더 깊은 인간관계, 삶의 우선순위 재정립, 개인적인 내적 성숙을 경험한다고 응답했다.

이러한 발견은 처음부터 '성장을 증명하려는 목적'으로 연구된 것이 아니라 트라우마 후 스트레스에 대한 연구 과정에서 부수적으로 우연히 드러난 결과였다. 바로 이 점이 중요하다. 트라우마 후 성장은 누군가가 억지로 긍정적인 해석을 시도한 결과가 아니라, 실제로 나타난 경험의 일부다. 내가 강의나 상담 현장에서 트라우마 후 성장에 대해 설명할 때마다 자주 받는 질문이 있다.

"트라우마라는 고통스러운 경험을 겪고도 그 안에서 무언가 좋은 점을 이야기하는 게 너무 억지스럽지 않나요?"

"혹시 고통을 미화하는 건 아닐까요?"

이 질문은 매우 중요한 통찰을 담는다. 트라우마 후 성장은 결코 고통을 미화하거나, 고통 속에서 무리하게 의미를 찾으라는 메시지가 아니다. 오히려 그 반대다. 성장은 대부분의 경우, 고통을 충분히 통과한 이후에 서서히 드러나며, 때로는 본인조차도 그 변화를 인식하지 못할 만큼 조용하게 시작된다.

성장을 의도하거나 계획하지 않아도 삶의 우선순위가 바뀌거나, 관계의 의미를 새롭게 느끼게 되거나, 더 깊은 자기 인식을 경험하는 일들이 자연스럽게 보고되었다. 학자들은 이 반복되는 현상에 주목했고, 이를 트라우마 후 성장이라는 개념으로 정리하고 연구하기 시작했다.

이제는 트라우마가 남기는 상처만이 아니라 그 상처를 안고도 어떻게 인간이 회복하고 변화하며 살아가는지에 대한 질문도 함께 던질 때다. 트라우마 후 성장은 고통을 견딘 사람에게 주어지는 보상이 아니라, 존재의 복잡함과 회복의 가능성을 함께 보여 주는 인간의 내면적 능력에 대한 이야기다.

트라우마 후 스트레스에 비해 성장에 대한 연구는 비교적 최근인 1990년대부터 관심을 받은 분야다. 비록 학계에서는 뒤늦게 주목받기 시작했지만, 인간이 역경을 극복하면서 성장한다는 주제는 오랫동안 존재했다. 이러한 개념은 인류의 진화를 통해 입증되었으며 예술, 문화, 문헌을 통해 기록되었다. 학술적으로는 리처드 G. 테데스키 Richard G. Tedeschi 와 로런스 G. 캘훈 Lawrence G. Calhoun 이 2014년에 출간한 《트라우마 후 성장 Posttraumatic Growth》을 통해 이 개념이 체계적으로 정리되었다. 트라우마 후 성장을 측정하는 도구 중 테데스키와 캘훈이 개발한 도구는 트라우마 후 성장 척도 Post Traumatic Growth Inventory, PTGI 다.

트라우마 후 성장은 총점 기준으로 0점에서 105점까지 측정되며, 일반적으로 46점 이상일 경우 트라우마 후 성장이 뚜렷하게 나타난다고 본다. 이러한 성장은 다음의 다섯 가지 주요 영역에서 드러난다. 내면의 힘, 새로운 가능성의 발견, 타인과의 관계 변화, 삶에 대한 감사 그리고 마지막으로 영적인 변화다.

표 2 트라우마 후 성장 척도

트라우마 사건이 나에게 얼마나 영향을 미쳤는지 생각하며, 아래 항목에 응답해 총점을 구해 보자.

	내용	점수
1	삶의 우선순위가 바뀌었다.	
2	내 삶이 가치 있음에 감사하게 되었다.	
3	새로운 것에 관심을 갖게 되었다.	
4	나 자신에 대한 신뢰감이 더 커졌다.	
5	영적, 정신적 세계에 대한 이해가 더 커졌다.	
6	어려운 일이 생겼을 때, 다른 사람에게도 의지할 수 있게 되었다.	
7	삶에 대한 새로운 계획이 생겼다.	
8	타인과의 관계에서 더 큰 친밀감을 느끼게 되었다.	
9	감정을 더 적극적으로 표현하게 되었다.	
10	어려움을 극복할 수 있다는 확신을 갖게 되었다.	
11	삶을 통해 더 가치 있는 일을 할 수 있게 되었다.	
12	삶에서 경험하는 것들을 더 잘 받아들일 수 있게 되었다.	
13	매일매일에 더 감사하게 되었다.	
14	이전에 생각하지 못했던 새로운 가능성을 접하게 되었다.	
15	다른 사람에 대한 정이 더 깊어졌다.	
16	인간관계에 더 정성을 기울이게 되었다.	
17	변화가 필요하다고 생각되는 일은 단지 생각으로만 그치지 않고 행동으로 옮기게 되었다.	
18	종교적인 믿음이 더 깊어졌다.	
19	생각했던 것보다 나 자신이 강하다는 것을 알게 되었다.	
20	사람이 얼마나 아름다운 존재인지 알게 되었다.	

| 21 | 이웃의 필요성을 이전보다 더 인식하게 되었다. | |

※ 전혀 아니다(0), 대체로 아니다(1), 조금 그렇다(2), 중간이다(3), 많이 그렇다(4), 아주 많이 그렇다(5)

 이 다섯 가지 영역을 차례로 살펴보면, 트라우마 이후에 어떤 방식으로 삶이 다시 구성되는지 보다 깊이 이해할 수 있다. 각각의 영역은 서로 뚜렷한 특징을 가졌지만, 동시에 서로 긴밀하게 연결되어 종종 중첩되거나 자연스럽게 이어진다.
 따라서 이 다섯 가지를 서로 완전히 구분된 독립적인 차원으로 보기보다는 작은 변화들이 어떻게 맞물려 더 큰 내면의 전환으로 이어지는지를 이해하는 것이 트라우마 후 성장을 바라보는 데 더 도움이 된다. 이때 중요한 것은 점수 자체가 아니라, 그 사람의 삶 속에서 어떤 변화가 일어났고, 그 변화가 어떤 의미를 가지는지에 대한 섬세한 이해다.

내면의 강인함

우리 내면의 힘은 어디에서 비롯되는 것일까? 특히 트라우마를 이겨 내고 다시 일어선 사람들은 이전보다 더 강해진 자신을 발견한다. 절박한 순간과 어두운 경험은 우리의 자아와 내면의 힘을 변화시키는 근원이 된다. 트라우마 생존자들은 트라우마 후의 성장 과정에서 자아 인식의 본질적인 변화를 경험한다. 그들은 스스로의 강인함을 재정의하고, '피해자'라는 인식에서 벗어나 '생존자'로서의 새로운 정체성을 찾아낸다.

 이러한 내적 변화는 미래에 대한 새로운 희망과 동기부여 그리고 삶의 새로운 방향성에 대한 적응을 의미하며, 무엇보다 나에게 초점을 맞춘 삶을 사는 계기가 된다. 트라우마로 인해 우리는 내재된 자기 신뢰와 자신감을 얻는다. 이 신뢰와 자신감은 트라우마 사건 자체로 제한되지 않고, 인생의 다른 모든 영역으로 확산되어 우리에게 다가올 수 있는 여러 형태의 역경에 대처할 강인함과 용기를 부여한다.

어니스트 헤밍웨이 Ernest Hemingway의 "우리는 부서진 조각들에서 강해진다"는 말처럼 이러한 부서짐과 회복의 과정에서 스트레스 면역 모델 stress inoculation model이 탄생한다. 바이러스에 대한 백신이 체내에서 항체를 생성시킴으로써 잠재적인 위협에 대비하도록 만드는 것처럼, 트라우마와 그로 인한 스트레스는 고난과 도전 앞에서 우리를 더 강하게 만들어 준다. 트라우마가 극심한 시기 동안 우리는 생사의 경계에서 무엇이 행복인지, 어떻게 삶을 살아가야 하는지를 근본적으로 재고한다. 그리고 이어지는 회복의 시간은 우리에게 인생의 깊은 이해와 새로운 통찰을 제공한다.

진우는 30대 후반에 암 진단을 받았다. 이전까지는 스스로를 평범하고 약한 사람이라고 여겼고, 큰 고난 없이 살아온 일상을 당연하게 생각했다. 그러나 치료와 회복 과정을 거치는 몇 년 동안, 그는 자신의 내면에 미처 알지 못했던 힘이 존재한다는 사실을 발견했다. 암 생존자로서 인터뷰에 응한 진우는 만화 속 주인공 손오공을 떠올렸다.

"〈드래곤볼〉의 손오공은 죽음 문턱까지 갔다가 살아나면 이

전보다 더 강해지잖아요. 저는 제가 그 손오공 같다는 생각이 들었어요. 한 번 넘어졌지만 다시 일어나면서 그 전보다 더 강해졌다고 느꼈거든요."

그는 말한다. 처음 암 진단을 받았을 때는 세상이 무너지는 듯했지만, 수술과 항암, 재발에 대한 두려움 속에서도 하루하루를 버텨 낸 자신이 지금은 전보다 훨씬 더 단단한 사람이 되었음을 느낀다고 말이다. 그리고 이러한 경험은 단지 그 고통을 이겨 냈다는 뿌듯함을 넘어, 다음에 어떤 어려움이 오더라도 자신이 이겨 낼 수 있다는 믿음으로 이어졌다고 했다.

이처럼 고통을 지나온 사람들은 때로 자신 안에 있던 무게중심을 다시 만나게 된다. 과거에는 스스로 연약하다고 느꼈던 사람이 위기를 버텨 낸 이후에는 자신이 얼마나 많은 것을 견딜 수 있는지를 체감하게 되는 것이다. 그리고 그것은 단지 '강해졌다'는 말로는 설명할 수 없는 인간으로서의 깊이와 겸손, 공감의 확장으로 이어진다.

내면의 힘은 고통이 사라졌기 때문에 생겨나는 것이 아니라, 그 고통을 견디고 통과했기 때문에 발견되는 것이다. 그리고 그것은 트라우마 이후의 삶에서 우리가 얻을 수 있는 가장 값진 변화 중 하나다.

새로운 가능성 발견

트라우마를 경험하면서 내 안의 숨겨진 힘이 현실에서 입증되고 새로운 역량이 발견된다. 이전에는 상상조차 하지 못했던 새로운 도전의 여정을 시작하게 되는 것이다. 새로이 획득한 자신감으로 새로운 시작의 문을 열며, 예전에는 꿈꾸기만 하고 감히 실행에 옮기지 못했던 것들을 이제는 용기를 가지고 시도한다. 당연히 새로운 시도가 실패로 이어질 수도 있지만 그럼에도 우리에겐 도전할 의지와 힘이 있다. 시도의 어려움과 실패의 가능성 그리고 패배감을 경험하게 될 가능성과 그로 인한 고통이 두렵지 않다. 이는 우리가 트라우마를 경험하고 그로부터 회복의 길을 찾는 과정을 이해했기 때문이다. 이제 두렵지 않다. 어떤 것도 나를 멈추게 할 수 없다.

의식적이든 무의식적이든, 내가 오래도록 갈망했던 인생 숙원 프로젝트를 시작해 보자. 그 결과가 실패든 성공이든 상관없다. 꼭 엄청나게 크고 화려하지 않아도 된다. 아주 작은 것들, 예를 들어 밖으로 나가 새로운 사람을 만나거나, 자원봉사를 하거나, 새로운 직장에 지원하거나, 낯선 곳으로 여행을 가거나, 학교나 학원에 등록하는 이러한 도전들이 새로운 기회로 이어질 것이다. 이러한 과정을 통해 우리는 자신을 더욱 깊이 신뢰하게 된다.

40대의 인영은 신혼 시절처럼 가슴 뛰는 설렘은 덜했지만, 지난 10년간의 결혼 생활이 가져다준 조용한 믿음과 익숙한 정을 소중하게 여겼다. 서로를 잘 안다고 믿었고, 서로에 대한 신뢰 위에 안정된 일상을 쌓았다고 생각했다. 때로 대화가 줄고, 웃을 일이 적어져도 다정함이 사라졌다고 단정하지 않았다. 오히려 그 모든 것이 결혼이라는 긴 동행의 자연스러운 흐름이라고 여겼다.

그러나 어느 날, 남편의 휴대폰에서 우연히 보게 된 메시지 한 줄이 그녀의 세계를 무너뜨렸다. 남편과 그녀의 절친 사이에서 오랜 시간 이어져 온 혼외정사. 그 사실은 단지 배신을 넘어서 그녀가 믿었던 인간관계, 삶의 서사 전체를 뒤흔들었다. 앞이 캄캄했고, 숨을 쉴 수 없었고, 자신이 누구였는지조차 혼란스러웠다. '그동안 내가 믿은 모든 것이 거짓이었다면, 나는 지금 어

디에 서 있는 것일까?'

이혼 과정은 또 다른 상처였다. 관계를 정리하는 법적 절차는 생각보다 차가웠고, 법정에서의 언어는 그녀의 감정과 눈물을 고려하지 않았다. 주변 사람들의 조언은 현실적이었지만, 그녀의 마음을 위로하지는 못했다. 인영은 자신을 잃은 채 간신히 하루하루를 버텼다. 때로는 누워서 하루를 보내고, 때로는 감정 없이 일만 처리하며 삶을 흉내 내듯 살아갔다. 어느 날, 그녀는 문득 버스 창밖을 보다가 이런 생각이 들었다.

'지금은 너무 어두워서 아무것도 보이지 않지만, 언젠가 이 어둠이 끝나면 그 끝 어딘가에서 다시 살아갈 수 있을까?' 그렇게 아주 천천히, 아주 조심스럽게 마음의 창이 조금씩 열리기 시작했다. 처음엔 사람들과 다시 웃는 법을 배우는 것이었고, 다음엔 누구에게 자신의 이야기를 조심스레 털어놓는 일이었다.

시간이 흐른 뒤, 인영에게는 예상치 못한 인연이 찾아왔다. 처음엔 낯설고 어색했다. 새로운 사랑 앞에서조차 자신이 사랑을 받아도 되는 사람인지 확신이 없었다. 하지만 그 사람은 조급해하지 않고, 인영의 마음이 회복되기를 조용히 기다려 줬다. 그녀는 어느 순간 깨달았다. 첫 번째 사랑이 가르쳐 주지 못한 것이 있다면, 두 번째 사랑은 그것을 천천히 알려 주고 있다는 것을. 예전에는 주기만 하던 사랑이었다면, 이제는 받아들이는 법도 배우게 된 사랑이었다.

이 사랑이 그 모든 고통을 보상하기 위해 온 것이라고 믿지는 않는다. 하지만 인영은 이제 안다. 삶은 무너질 수도 있고, 다시 시작될 수도 있다는 것을. 완벽하지 않아도 다시 느끼고, 다시 사랑할 수 있다는 것을. 그리고 자신은 그 모든 걸 감당할 만큼 강하다는 것을 말이다.

트라우마를 겪은 이후, 어떤 이들은 완전히 새로운 길 위에 서게 된다. 새로운 인간관계를 맺거나, 이전과는 다른 삶의 방식을 선택하거나, 심지어는 전혀 다른 커리어로 전환하기도 한다.

우리는 종종 한때 화려한 성공을 누리던 유명인이 큰 병을 이겨내고 새로운 삶을 산다는 이야기를 듣는다. 그들은 자신이 경험한 고통을 통해 삶의 진정한 가치를 재정립하고, 돈과 명예를 뒤로한 채 완전히 다른 직업을 선택한다. 이는 단순한 변화라기보다 자신의 고통과 마주한 뒤에야 비로소 보이기 시작한 또 다른 삶의 방향성이다.

꼭 새로운 직업을 선택하지 않더라도 자신이 겪은 트라우마와 연결되는 주제에 더 깊은 관심을 가지게 되는 경우도 많다. 기존의 일터나 일상에 그 경험을 자연스럽게 스며들게 만드는 방식이다. 예를 들어, 나처럼 연구와 글쓰기를 업으로 삼는 사람들의 논문 주제를 보면 놀랍게도 많은 경우 직간접적으로 경험한 트라우마가 그 중심에 놓여 있다. 극심한 가난을 겪었던 이는 빈곤 정책과 복지 제도를 다루고, 이민자의 차별과 고립을 경험한 이는 이주민의 권리에 천착하며, 사랑하는 사람을 갑작스레 떠나보낸 이는 애도의 문화나 상실의 심리를 연구한다. 트라우마 경험은 이처럼 삶의 관심사를 바꾸고, 질문을 만들며, 방향을 선택하게 만든다.

트라우마가 진로 선택의 동기가 되는 경우도 있다. 어릴 적 병약했던 아이가 자라 의대를 꿈꾸고, 가난 속에서 교사의 따뜻한 지지를 받으며 성장한 아이가 교육대에 진학하며, 가족 내 관계의 위기를 목격했던 청소년이 법률을 공부하기로 결심하는 것처럼. 그 선택은 때로 삶에 대한 책임감이자, 이전 세대가 자신에게 건넨 손길을 다음 세대에 건네려는 조용한 다짐이 되기도 한다.

꼭 전문 직업으로 연결되지 않더라도 사람들은 자신이 겪은 아픔과 연결된 영역에 관심을 갖고 취미 활동을 하거나, 작게는 블로그나 소셜미디어를 통해 이야기를 나누고, 관련된 활동에 참여하기도 한다. 이들은 '내가 겪은 고통을 누군가는 겪지 않게 하기 위해' 움직이기 시작한다.

물론 모든 상담사나 교사, 활동가가 트라우마를 경험해서 그 길을 택한 것은 아니다. 그러나 트라우마가 동기가 되어 선택한 사람들의 눈빛에는 더 깊은 단단함과 절실함이 담겨 있다. 그것은 단순한 직업이 아니라 삶의 방향이고, 자신을 다시 연결해 나가는 회복 여정의 일부이기 때문이다.

타인과의 관계 향상

관계에 기인한 트라우마는 깊은 상처를 내고 엄청난 두려움과 불신을 낳지만, 동시에 성장의 토대가 되어 주기도 한다. 이제껏 자신을 괴롭혀 온 관계의 굴레에서 벗어나, 주변 사람들의 소중함을 깨닫고 시야를 넓힐 수 있도록 문을 열어 준다. 트라우마로부터 온 상처가 반드시 그러한 성장을 불러온다는 것은 아니지만, 상처 이후 나타나는 성장의 한 가지 양상으로 인간관계의 변화가 나타난다. 트라우마의 종류와 본질에 관계없이 그 과정에서 도움의 손길을 내밀어 준 사람에게는 마음 깊이 고맙다는 감정을 품게 된다.

또한, 혈연이나 지연이 전혀 없는 사람들로부터 받는 도움 역시 무척이나 소중하게 느껴진다. 심각한 병으로 오랜 기간 병원의 한구석에서 일상을 보내는 동안 나를 진료해 준 의사, 세심히 열을 체크하며 보살펴 준 간호사 그리고 함께 입원 생활을 하고 퇴원을 축하해 준 같은 방 환자들과의 관계는 트라우마를 겪는 동안 나의 유일한 위안이자 안정이 된다. 그 경험은 타인에 대한 나의 태도와 상호작용 그리고 서로 주고받는 관계에 대한 무의식적인 관념과 태도에 많은 변화를 가져온다.

    심각한 병을 진단받은 은실은 어둡고 불확실한 미래 앞에서 깊은 우울감에 잠겼다. 처음에는 관심을 보이는 듯하던 가족들도 이내 발길이 뜸해졌고, 이제는 가끔 오는 연락이 전부였다. 마치 칠순이 된 자신을 더 이상 돌봐 줄 필요가 없다고 여기는 듯, 이제 죽기만을 기다리는 사람처럼 느껴졌다. 생의 가장 취약한 순간에 곁에 있어 줄 거라 믿었던 이들과의 연결이 느슨해지는 경험은 은실에게 또 다른 상처였다.
    그런 고립감 속에서 유일하게 일상 속 작은 안정을 느끼게 해 준 것은 매일 정해진 시간에 병실을 찾는 청소 아주머니의 방문이었다. 말없이 방을 정리하고 창문을 열어 환기하는 반복적인 일이 은실에게는 유일한 질서이자 조용한 위로였다.
    아프기 전 은실은 자신과 비슷한 사회적 위치에 있는 사람들과만 어울렸다. 외모와 재산, 배경이 관계의 기준이었고, '다르다'는 이유로 거리를 두는 데 익숙했다. 하지만 병원이라는 낯선 공간과 삶의 경계선에 선 시간은 그녀의 세계를 서서히 흔들었다.

은실은 청소 아주머니에게 "항상 감사합니다"라고 인사를 건넸고, 그 짧은 말은 오래된 기준에 작은 균열을 내기 시작했다. 그러던 어느 날 두 사람은 이름을 나누었고, 날씨 이야기부터 서로의 아픔까지 조금씩 이야기하게 되었다. 은실은 삶의 고단함을 품고 살아가는 사람들의 태도에서 처음으로 진정한 강함과 따뜻함을 배웠다.

퇴원 후 은실은 예전과 같은 삶으로 돌아가지 않았다. 화려한 모임 대신, 작은 공간에서 나누는 대화 속에서 더 깊은 연결을 경험했다. 예전 같았으면 말조차 섞지 않았을 사람들과 친구가 되었고, 그 만남은 관계에 대한 그녀의 오래된 관념을 하나씩 풀어내는 시간이 되었다.

복지관에서 만난 동년배, 병원 봉사 활동을 함께한 자원봉사자, 글쓰기 모임에서 만난 젊은 작가 지망생, 심지어는 버스에서 자주 마주치는 동네 아기 엄마까지. 서로 다른 배경과 삶을 가진 사람들이었지만, 은실은 더 이상 그 차이를 경계로 삼지 않았다. 오히려 마음을 다해 듣고, 진심을 담아 말하는 태도야말로 관계를 잇는 진짜 언어임을 배웠다.

인생을 걷다 보면 때로는 삶의 풍경이 사람마다 너무나도 다르게 느껴질 때가 있다. 하지만 또 어떤 순간에는 우리 모두가 비슷한 경로를 걷는 듯한 공통의 감정에 닿기도 한다. 각자의 경험과 이야기는 다르지만 누구나 행복을 추구하고, 어려움을 마주하며, 슬픔을 겪고, 타인의 시선을 의식하며 살아간다. 그리고 그런 여정을 통해 우리는 서로의 마음에 조심스럽게 공감의 자리를 만든다.

특히 나와 비슷한 상처를 가진 사람을 만났을 때, 우리는 더 깊은 연결을 느낀다. 그 만남 안에서 과거의 아픔이 단지 개인적인 고통을 넘어서, 누군가에게 도움이 될 수 있다는 가능성으로 전환되기도 한다. 때로는 많은 말을 하지 않아도, 그저 곁에 있다는 사실만으로도 큰 위로가 된다.

가장 가혹했던 순간, 누군가의 작은 말 한마디나 조용한 동행이 내 삶을 버티게 해 준 적이 있다면 그 감동은 오래도록 기억에 남는다. 바로 그 순간, 우리는 사람과 사람 사이에 보이지 않는 실처럼 연결되는 신뢰와 온기의 힘을 배운다. 그것이 관계의 힘이며, 그 관계를 통해 우리가 얻게 되는 가장 큰 선물이다. 특히 어린 시절 트라우마를 경험한 사람들 중에는 또래보다 성숙한 시선을 가진 이들이 많다. 본인이 자처하지 않았음에도, 친구나 주변 사람들이 자연스럽게 고민을 털어놓고 조언을 구하는 대상이 되기도 한다. 누군가를 돕는 과정에서 그들은 문득 깨닫는다.

'아, 나는 단지 상처 입은 사람이 아니라 누군가에게 도움이 되는 사람이구나.'

이런 경험은 자기 존재에 대한 새로운 인식을 만든다. 사람들은 그들을 향해 '인간 승리'라는 말을 건넬지 모르지만, 그들은 삶의 무게를 통과한 자신이 누군가에게 의지가 된다는 사실에서 진정한 변화를 실감한다.

이처럼 트라우마를 이겨 내고 누군가의 지지자가 되는 경험은 자존감을 회복시키고, 자부심을 높여 준다. 그 성장의 핵심에는 언제나 타인과의 상호작용 그리고 진정한 연결이 있다.

삶에 대한 감사

트라우마 이후의 삶은 자아가 다시 조율되고, 재구성되는 여정이다. 그 과정은 종종 고통스럽고 혼란스럽지만, 동시에 이전에는 보지 못했던 풍경을 바라보게 한다. 우리가 믿었던 가치, 중요하다고 여겼던 것(성공, 외모, 속도, 소유), 그 모든 것이 삶의 균열 속에서 시험대에 오르고, 우리는 결국 무너진 잔해 위에서 새로운 삶의 철학을 만들기 시작한다.

어느 날 문득 바람 소리가 들리고, 따뜻한 햇볕이 살결에 닿는 것이 감사하게 느껴진다. 친구와 나누는 짧은 대화가 마음을 움직이고, 일상에 묻혀 지나쳤던 사소한 풍경이 눈을 멈추게 한다. 트라우마 이후의 삶이란, 삶의 밀도를 다시 조정하는 경험이다. 더 크고 화려한 것이 아닌, 더 작고 본질적인 것에 눈이 머무는 순간이 많아진다. 삶의 스트레스와 역경은 여전히 존재하지만 우리는 더 이상 같은 방식으로 그것들을 해석하지 않는다. 사소한 문제에 얽매였던 과거의 나 대신, 이제는 가끔 스스로에게 이렇게 묻게 된다.

'이 문제가 정말 내 건강이나 생존을 위협할 만큼 중요한가?'

이 짧은 질문 하나가 숨통을 틔우고, 불안함과 조급함을 이완시키는 깊은 호흡이 된다. 이처럼 트라우마는 우리를 절망 속에 가두기도 하지만 역설적으로 삶의 본질과 진짜 중요한 것에 대한 질문을 던지게 하는 전환점이 되기도 한다.

지혜는 20대 초반에 아는 사람의 권유로 해외 일자리를 얻었다고 믿고 출국했다가 현지에서 여권을 빼앗기고 강제로 성 착취를 당했다. 탈출할 수 없는 감시와 협박 속에서 몇 달을 버틴 끝에 구조되어 한국으로 돌아왔지만, 현실은 차갑기만 했다. 사람들의 시선은 무관심하거나 때론 적대적이었고, 그녀는 긴 침묵 속에서 자신이 누구인지조차 잊히는 기분이었다.

시간이 한참 지난 뒤, 우연히 생존자들을 위한 프로그램의 미술 치료 세션에 참여하게 되었다. 처음에는 그림을 그리는 일조차 버거웠지만, 마음속에 남아 있던 이미지를 조용히 종이에 옮기기 시작하면서 지혜는 처음으로 언어 없이 자신을 말할 수 있다는 감각을 느꼈다.

"그림을 그리다 보니 제가 견딘 것들이 하나의 이야기처럼 느껴졌어요. 그냥 끔찍한 기억이 아니라, 제가 살아남았다는 증거 같았어요."

그 경험 이후, 지혜는 비폭력 운동과 여성 인권에 대한 공부를 시작했고, 지금은 청소년 대상 예방 교육 활동가로 일한다. 아이들에게 위험을 피하는 방법을 가르치고, 감정을 말할 수 있는 언어를 건네는 일이 그녀에게는 단순한 직업이 아니라, 삶의 이유이자 확장된 자아의 일부가 되었다.

"그 일이 없었으면 저는 여전히 타인이 만든 기준 속에서 나를 꾸미고 증명하려고만 했을 거예요. 그 시간을 통과하고 나서야 진짜 제가 누구인지, 어떤 삶을 살고 싶은지 생각하게 되었어요. 전보다 더 아프지만, 전보다 훨씬 더 선명하게 살고 있어요."

트라우마를 통해 열리는 공간과 변화는 개인의 경험을 넘어 사회적 재난 속에서도 발견된다. 2020년 팬데믹이 전 세계를 멈춰 세웠을 때, 많은 이들이 극심한 스트레스와 트라우마를 겪었지만, 그 속에서도 우리들은 깊은 내적 변화를 경험했다.

미국의 한 병원 연구에 따르면, 팬데믹 최전선에서 일했던 의료진 중 다수가 트라우마 후 성장을 경험했다. 조사 결과 '삶에 대한 감사'를 경험한 이들이 67퍼센트, '타인과의 관계 향상'을 겪은 이들이 48.7퍼센트, '자신 안의 힘을 새롭게 발견'한 이들이 44.1퍼센트로 나타났다. 많은 사람이 죽음과 마주했던 극단적 상황 속에서 오히려 삶의 가치를 다시 발견하고, 관계를 되돌아보고, 존재의 힘을 재확인했다.

전쟁터에서도, 재난 현장에서도 심각한 상실을 겪은 이들 중 일부는 고통을 통과해 더 깊은 자기 이해와 삶의 철학을 얻는다. 폐허 위에서 피어난 꽃처럼 트라우마의 가장 깊은 곳에서 아이러니하게도 새로운 의미의 공간이 열렸다. 그 공간은 누구에게나 열려 있지 않을 수도 있고, 금세 도달할 수 있는 곳도 아니다. 하지만 고통을 외면하지 않고 그 안을 통과하려는 사람에게는 그 삶의 깊이만큼 고요하고 단단한 빛이 생긴다. 그리고 그 빛은 과거의 자신이 상상하지 못했던 방식으로 자신과 타인, 삶 전체를 바라보는 새로운 시야가 된다.

트라우마는 예고 없이 우리의 삶을 파고든다. 때로는 파괴적이고, 때로는 설명할 수 없을 만큼 혼란스럽다. 그것은 갑자기 덮친 그림자처럼 삶의 방향과 중심을 잃게 만든다. 하지만 그러한 깊은 어둠 속에서도 우리는 희미하게 반짝이는 '다행'이라는 감각을 발견한다. 그 다행은 상황이 완전히 절망적이지만은 않다는 것, 혹은 우리가 살아 있다는 것 자체가 여전히 의미를 만들 수 있는 가능성의 출발점이라는 조용한 메시지다.

이른바 '불행 중 다행'이라는 감각은 삶의 희로애락을 구분 짓는 경계가 얼마나 상대적이고 유동적인지를 일깨운다. 트라우마는 분명 고통스러운 일이지만, 그 고통의 틈 사이로 '그래도 이만하길 다행이다'라는 생각이 스치기도 한다. 그것은 현실을 부정하거나 미화하려는 것이 아니라, 살아남은 자로서 느끼는 겸허한 감사이며, 동시에 다시 시작할 수 있다는 가능성에 대한 미묘한 자각이기도 하다.

사지가 마비되었다가 회복된 사람은 손가락 하나 움직이는 것만으로도 큰 기쁨을 느낀다. 이전에는 너무 당연해서 인식조차 하지 못했던 움직임과 감각이, 되살아난 몸에서는 새로운 감탄과 경외의 대상으로 바뀐다. 그렇기에 트라우마 이후의 삶은 과거와는 다른 방식으로 삶을 사는 태도와 감각을 우리에게 건넨다.

우리는 매일 크고 작은 스트레스 속에서 살아간다. 외부로부터 오는 압박뿐 아니라, 우리가 스스로 만드는 비교, 불안, 압박 역시 우리를 지치게 한다. 하지만 트라우마를 겪은 사람은 어느 순간 자신의 반응이 달라졌음을 느끼게 된다. '내가 왜 이 사소한 일에 이렇게 예민하게 반응하지?' '이건 내 건강보다 내 생존보다 중요한 일인가?' 이와 같은 질문은 삶의 무게중심을 재조정하게 만든다. 물론 스트레스가 사라지는 것은 아니지만 그 스트레스를 다루는 방식이 달라지는 것, 그것이 바로 성장의 신호다.

트라우마 이후에는 종종 삶의 우선순위가 뒤바뀐다. 명품 가방이나 집 크기, 자녀의 성취와 같은 외부적 조건이 주는 행복은 상대적으로 작아지고, 햇살, 바람, 따뜻한 말 한마디, 오늘의 컨디션 같은 아주 작은 것들이 진짜 기쁨으로 다가온다. 어쩌면 트라우마 이전의 삶은 '몰라서' 혹은 '주어진 대로' 살던 여정이었지만, 트라우마 이후에 맞이하는 삶은 보다 의식적이고 절실하며, 삶 자체에 대한 선택의 감각이 깃든다. 그래서 트라우마 이후의 삶은 '제2의 인생'이라는 말로 자주 표현된다. 트라우마는 우리를 무너뜨릴 수 있다. 그러나 그 무너짐 이후에 우리는 종종 질문하게 된다.

'지금 내게 가장 중요한 것은 무엇인가?'

이 질문은 우리가 이전에 무심코 지나쳤던 감사의 순간을 다시 인식하게 만들고, 아주 작고 조용한 기쁨을 삶의 중심으로 초대하는 변화를 일으킨다. 그리고 바로 그때, 우리는 알게 된다. 감사할 수 있다는 능력 자체가 회복의 증거이며, 그것이야말로 우리가 다시 삶을 살아 낼 수 있는 가장 강력한 힘이라는 것을.

영적 변화

타인의 불행을 보고 어떤 사람들은 이렇게 말한다.

"왜 그런 일이 너한테만 생기지?"

물론 그 질문은 순수한 궁금증에서 비롯된 것이 아니다. 그 말에는 대개 '너에게 뭔가 원인이 있겠지', '스스로 자초한 일이 아닐까?' 하는 암묵적 비난과 의심이 숨어 있다. 불행이 하나가 아니라 여러 겹으로 겹쳐서 닥치기라도 하면 세상의 시선은 더 차가워진다. 트라우마가 반복될수록 사람들은 쉽게 단정을 내린다.

"쯧쯧, 저 사람은 팔자가 그런가 봐."

"재수가 참 없네. 그런 일만 골라 겪는 걸 보니 뭔가 문제가 있는 거겠지."

그 시선은 겉으로는 동정인 척하지만, 결국엔 배제와 거리 두기로 이어진다. 당신의 고통이 전염되기라도 할까 봐 피하는 사람들 사이에서, 당신은 점점 고립된다. "불행은 연달아 찾아온다"는 말은 단지 운명이나 미신의 영역이 아니다. 실제로 살다 보면 고통은 이상할 만큼 한꺼번에 무리를 지어 찾아온다. 하나의 불행이 우리의 마음과 몸을 약화시키고, 그 틈을 타서 또 다른 고난이 밀려든다.

이미 상처받은 상태에서는 작은 어려움조차 감당하기 어려워지고, 그 과정에서 삶의 여러 축이 동시에 흔들린다. 이것은 어떤 초자연적 이론이 아니라 심리적, 사회적, 신체적 취약성이 겹쳐질 때 자연스럽게 벌어지는 현실이다. 하나의 고통이 우리의 회복력을 약화시키고, 그로 인해 또 다른 상실과 실패가 더 쉽게 다가오는 구조. 그래서 불행은 종종 단독으로 오지 않고, 서로 얽혀 복합적인 고통으로 변형되며 우리 삶의 전반을 뒤흔든다.

회복하지 못한 채 또 다른 상처를 맞는 일이 반복되면, 타인의 냉소적인 말보다 더 깊은 고통은 자기 자신을 향한 의심과 회의감이다. '내 팔자는 정말 이렇게 기구하게 정해진 걸까?' '왜 나만 이런 일이 반복되는 걸까?' 이런 질문은 스스로를 갉아먹고, 어느새 세상으로부터 한 발짝씩 물러나는 자신을 발견한다. 그리고 그 공허와 고립의 가장 깊은 지점에서 우리는 어쩌면 처음으로 세상의 시선이 아닌, 더 크고 더 깊은 차원에 존재하는 어떤 것을 향해 질문을 던진다. 그 질문은 종종 말 없는 기도이기도 하고, 말조차 필요 없는 침묵 속의 간절함이기도 하다.

    크리스마스나 부활절에만 가던 교회를 어느 날 새벽에 찾아가고, 한 번도 가 본 적 없던 산 중턱의 암자에 올라 백팔배를 올린다. 햇빛도 들지 않는 방 한편에 단정히 물 한 그릇을 떠 놓고 보이지 않는 존재에게 조용히 속삭인다. 하염없이 흐르는 구름을 바라보며 '이 아픔도 함께 저 멀리 흘러가게 해 달라'고 빌고, 하늘 어딘가에서 나를 지켜볼 '엄마 같은 존재'의 품을 상상하며 그 품 안에서만큼은 조금쯤 울어도 괜찮다고 믿어 본다.

    트라우마는 단지 심리적 충격만을 남기는 사건이 아니다. 그것은 존재 전체를 뒤흔드는 근본적 경험이다. 그 고통을 지나며 우리는 질문하게 된다.

    '나는 누구인가?'

    '왜 살아야 하는가?'

    '내 존재는 무엇으로 이루어져 있는가?'

    이런 질문은 인간의 역사와 함께한 철학의 시작이었고, 또한 영성의 문을 여는 통로이기도 하다. 우리가 몸과 마음 그리고 영혼으로 이루어져 있다고 믿는다면, 트라우마는 몸과 마음에 상처를 내는 동시에 그 상처를 통해 우리 안의 영혼 혹은 본질적인 나를 일깨우는 사건이 된다. 여기서 말하는 '영'은 반드시 신적 존재나 종교적 체계와 연결된 것이 아니다.

    때로는 종교가 없는 이에게도 삶 너머의 더 큰 차원과 마주하는 순간이 찾아온다. 그것은 말로 설명할 수 없는 믿음, 보이지 않지만 확실히 느껴지는 무언가에 대한 감각 그리고 그 감각을 통해 다시 살아갈 힘을 얻는 경험이다. 트라우마 이후, 많은 사람은 이 영적인 탐색 여정을 통해 삶의 방향성을 재구성하고, 세상과 관계 맺는 방식을 달리하기 시작한다. 그들은 단지 '어떤 사건의 생존자'가 아니라, 존재 전체에 질문을 던지고, 그 질문을 통해 '스스로를 새롭게 이해하는 사람'이다.

영적인 세계는 때로 추상적이고 모호하지만 고통의 순간에 유일하게 손을 내밀어 주는 조용한 빛이기도 하다. 그 빛은 다시 인간을 살아가게 만들고, 그 고요한 신념은 우리가 세상과 나 자신을 다시 믿게 만드는 힘이 된다.

4장

트라우마 후 첫걸음

트라우마를 넘어
다음 이야기로

슬픔의 쓸모 The Uses of Sorrow

— 메리 올리버 Mary Oliver

내가 사랑했던 누군가가
나에게 어둠으로 가득 찬 상자를 건넸다.
나는 그것이 선물이었음을 깨닫기까지
오랜 시간이 걸렸다.

트라우마 후 성장을 아름답게 표현한 이 시는 '어둠으로 가득 찬 상자'가 처음부터 '선물'로 여겨지거나 불리지 않았고, 삶을 관통하는 시간과 통찰, 자기 재구성의 여정을 거쳐 마침내 그것이 선물임을 깨닫게 된다고 말한다.

트라우마 후의 성장은 강제나 압박에서 오는 것이 아니라, 자신의 내면에서 발견되는 잠재력의 깨달음에서 비롯된다. 성장을 위해 너무 조급하게 혹은 억지로 나아가려는 노력은 때로는 본인과 주변인에게 추가적인 트라우마를 초래할 위험이 있다. 따라서 트라우마를 겪은 직후 성장을 강조하거나 무리하게 앞으로 나아가려는 노력은 권하지 않는다. '트라우마 후에 언제 성장을 위한 노력을 시작해야 하는가?'는 많은 사람이 묻는 질문이다. 이 질문에는 정해진 답이 없다. 각자의 상황, 준비 상태 그리고 개인별 차이에 따라 다양한 답이 있다. 중요한 것은 트라우마의 상처가 아직 깊게 남아 있는 상황에서 성장을 강요하는 것은 오히려 그 상처를 더 심화시킬 수 있다는 점이다.

성장은 개인의 속도에 맞춰 자연스럽게 이루어져야 한다. 이 과정에서 중요한 것은 스스로의 감정과 경험을 존중하고 이해하는 태도다. 또한, 트라우마를 극복하는 과정에서 전문가의 도움을 구하는 것은 매우 유용한 방법 중 하나다. 감정의 복잡성과 마음의 상태를 세심하게 다루면서 자신만의 속도로 천천히 전진하는 것이 진정한 성장을 위한 좋은 시작이다.

힘든 시기에, 특히 장례식과 같은 슬픈 상황에서 아이에게 "네가 이제 이 집의 가장이다. 그러니 울지 말고 얼른 커라"라고 말하는 것은 아이에게 큰 부담감을 주며, 이런 강요는 성장하는 과정에서 커다란 장애물이 될 수 있다. 어른의 입장에서 볼 때는 아이에게 인생의 지혜와 방향을 제시하고자 하는 선의에서 나온 말이겠지만, 아이의 마음속에는 깊은 상처가 새겨진다.

60세가 된 어느 분의 회고를 들은 적이 있다. 어린 시절 아버지를 여의고 장례식에서 들은 이런 조언이 아직까지도 큰 짐이 되어, 지금도 그때를 생각하면서 아이처럼 눈물을 흘렸다. 그때 "네가 이제는 모든 걸 책임져야 하니 울음을 그치고 어머니를 돌봐라"라고 하는 대신 "얼마나 슬플까…. 내가 널 항상 지켜볼게. 네가 필요할 때 언제든 도와줄게"라고 말하면 어땠을까? 아이의 성장을 강요하지 말고 지켜봤으면 말이다.

트라우마는 우리에게 예고 없이 찾아온다. 그 순간 '빨리 극복해야지' 혹은 '강해져야지'라는 생각에 사로잡힐 수도 있다. 하지만 우리의 성장은 때로는 조용한 기다림과 공감 속에서 찾아온다.

준혁은 암 4기라는 무거운 진단을 받았으나, 그의 의지와 치료를 통해 예상보다 긍정적인 결과를 얻었다. 그렇지만 암 치료 후의 삶은 여전히 불안과 두려움에 휩싸여 있었다. 그의 마음은 트라우마와 우울증의 그림자 아래 고통받았다. 치료 종료 후 2년이 지난 어느 날, 예상치 못한 작은 순간에서 그의 삶이 마침내 변화됨을 느꼈다. 2년 동안 하루도 빠짐없이 하던 평범한 아침 산책 중에 갑자기 옆에 있던 강아지가 귀엽게 느껴졌고, 따스한 햇볕 아래 흘러가는 구름을 고개를 들어 바라봤고, 어릴 때 좋아하던 그 음식을 먹고 싶다는 생각에 침이 고였고, 마음속에 뭔가 좋은 일이 생길 것 같은 희망이 꿈틀거렸다. 이 작은 순간이 준혁에게는 큰 변화의 시작이었다.

준혁처럼 많은 트라우마 생존자들이 트라우마 후의 성장은 큰 결심이나 각오보다는 작은 순간의 공감과 인내에서 시작된다고 말한다. 힘든 시기를 겪는 모든 이에게 필요한 것은 어쩌면 자신의 감정과 속도를 인정하고, 그 안에서 작은 희망의 불씨를 찾는 일인지도 모른다. 이것이야말로 트라우마를 넘어서는 성장의 진정한 시작이다.

트라우마 후 성장의 여정은 따뜻한 태양처럼 서서히 그리고 자연스럽게 찾아온다. 이는 잔잔한 강물처럼 조용한 흐름 속에서 발견되는 소중한 순간이다. 성장이란 결코 강요로 이루어지는 것이 아니라, 자연스럽게 스스로의 삶에 스며든다. 성장에는 분명한 '때'가 있다. 이는 몇 년, 몇십 년을 무작정 기다리는 것이 아니라, 주기적이고 섬세한 내면의 탐색을 통해 발견할 수 있다. 우리 스스로를 돌아보고, 주위의 도움을 느끼며, 그 과정에서 어느 순간 트라우마 후 성장이 천천히 손을 내민다.

트라우마를 겪은 이후, 우리는 때로 성장을 위해 무언가를 '해야 한다'는 강박에 사로잡힌다. 그러나 성장은 발견의 여정이다. 그것은 인생의 어느 순간 갑자기 '눈을 뜨게 되는' 경험이다. 이 경험은 우리가 삶을 천천히 되돌아보고, 자신의 마음과 대화하며 스스로를 향한 깊은 사랑과 이해를 갖게 될 때 나타난다. 이러한 성장의 여정에서 기억해야 할 것은, 이는 결코 강요가 아니라 스스로의 삶에서 자연스럽게 발견되어야 한다는 점이다. 때로는 스스로를, 때로는 주변을 바라보면서, 조용하고 부드럽게 성장의 물결이 당신에게 다가오는 순간을 기다리자. 그리고 그 순간이 오면 우리는 새로운 시각으로 세상을 바라보게 될 것이다.

트라우마의 상처는 깊기 때문에 '시간이 해결해 줄 것'이라는 생각만으로는 충분하지 않다. 시간은 분명 치유의 도구 중 하나이지만, 그것만으로 완전한 치유는 어렵다. 스스로의 노력, 인내 그리고 주변의 도움이 결합될 때 진정한 치유가 가능하다. 그렇다고 해서 너무 자신을 압박하거나 조급해할 필요는 없다. 변화와 성장은 천천히 그리고 서서히 찾아온다. 그 과정을 즐기며 자신의 삶 속에서 트라우마를 넘어 성장의 기회를 찾는 것이 중요하다.

나를 지키는 본능

우리가 숨기고 회피하는 많은 것들은 꼭 나쁜 의도에서 비롯된 것이 아니다. 오히려 타인을 보호하거나 자신의 감정과 삶의 균형을 지키려는 본능적인 방어 기제일 때가 많다. 부끄러움, 분란, 고통, 죄책감, 상실감 등 우리는 이러한 감정을 감추기 위해 다양한 이야기와 행동을 만들어 낸다. 특히, 극심한 스트레스나 트라우마 이후의 회피 반응은 매우 자연스럽고 인간적인 반응이다. 그러나 이러한 회피나 부정은 일시적인 안정을 줄 수 있을지언정, 회복을 지연시키는 요인으로 작용한다. 심리학에서는 이를 '자기 지속적 과정 모델self-sustaining process model'을 통해 설명한다. 이 모델은 트라우마를 겪은 사람이 회복 과정에서 세 가지 단계를 경험한다고 본다.

첫 번째는 인지적 불편함 단계다. 트라우마 사건을 받아들이기 어렵고, 혼란과 거부, 부인을 동반하는 시기다. '불편함'이라는 단어가 가볍게 들릴 수 있지만, 이 시기의 괴로움은 단순한 불편을 넘어 심리적 붕괴에 가까운 고통이다.

두 번째는 인지적 산만함 단계다. 사람은 본능적으로 고통에서 벗어나기 위해 다른 일에 몰두하거나 생각을 다른 곳으로 돌리는 전략을 시도한다. 일에 지나치게 몰입하거나 무관한 감정에 과도하게 반응하는 것도 이 단계에서 흔히 나타나는 모습이다. 그러나 이것은 어디까지나 임시방편일 뿐, 고통을 다루지 않고 잠시 밀어 둔 상태다.

마지막으로 도달하는 단계는 인지적 편안함이다. 이 시점에서 우리는 트라우마를 점차 받아들이고, 자신 안의 서사를 새롭게 정리할 수 있는 힘을 갖게 된다. 감정을 억누르거나 부정하지 않고, 그 경험을 삶의 일부로 수용하는 용기가 이 단계에서 필요하다. 이를 통해 자기 이해가 깊어지고, 개인의 회복력도 함께 성장하게 된다.

영진은 이혼이라는 깊은 상처가 있었지만, 그 사실을 무려 10년 동안 숨겼다. 그녀는 다른 사람들과 대화를 할 때면, 남편과의 미래 계획을 주제로 지나치게 많은 이야기를 지어냈고, 때로는 의도적으로 부풀려 말했다. 그 이야기들은 진실과는 거리가 멀었지만, 그녀에게는 중요한 방어막이었다. 사람들의 의심과 시선을 피하려는 목적도 있었지만, 그보다 더 근본적인 이유는 자신을 보호하려는 본능이었다.

'아직도 행복한 결혼 생활'이라는 허구는 그녀에게 아픔이 닿지 않는 심리적 피난처였다. 영진은 그 허구 속에서 비로소 숨을 쉴 수 있었고, 잠시나마 평온함을 느낄 수 있었다.

트라우마는 삶을 덮치는 폭풍과도 같다. 그리고 그 폭풍 속에 있을 때, 가장 자연스러운 반응은 도망치는 것 혹은 외면하는 것이다. 실제로 많은 사람이 트라우마를 회피하거나 '그 일은 내게 일어난 적 없다'고 믿으려 한다. 이는 정상적인 생존 반응이며, 우리 모두에게 필요한 감정적 쉼표이기도 하다. 그러나 그 쉼표가 너무 길어지면 삶의 흐름 전체가 멈춰 버릴 수 있다. 진정한 회복은 결국 그 사건을 직면하고 이해하며, 그로 인해 생긴 감정의 층을 하나씩 들여다보는 것에서 시작된다.

물론, 이 과정은 결코 쉬운 일이 아니다. 트라우마는 종종 깊고 날카로운 감정, 감각, 기억을 불러일으키기에 그것들을 정면으로 마주하기 위해서는 엄청난 용기와 자기를 향한 신뢰가 필요하다. 그리고 바로 그 용기를 내는 순간, 우리는 더 이상 고통을 두려워하는 존재가 아니라, 그 고통을 이해하고 지닌 채 살아가는 존재로 거듭나게 된다.

인간은 고통과 대면할 때 주로 두 가지 핵심적인 질문을 던진다.

'왜 나인가?'

'이제 어찌해야 하는가?'

이러한 질문은 고통의 순간에 단순한 일회성으로 그치지 않고 지속적으로 우리 내면에서 되풀이된다. 인간은 이러한 질문을 통해 혼란스러운 상황 속에서 자신만의 가설을 형성하고, 원인을 찾아내려 하며, 이를 통해 어느 정도의 이유와 질서를 만들고자 애쓴다. 혼란에서 벗어나기 위해 다양한 노력을 펼친다.

이런 질문과 탐구는 본능적이기에 우리 안에서 이런 질문이 스멀스멀 올라올 때 피하지 말고 적극적으로 마주해야 한다. '왜 나인가?', '이제 어찌해야 하는가?'라는 질문이 생긴다면, 그에 대한 의미를 탐색하는 과정을 거쳐야 한다. 비록 이 과정이 가혹하고 힘들지라도 그것이 바로 문제와 직면하고, 그로부터 나아가는 방향을 찾는 데 필수적이기 때문이다. 이런 질문에 대한 탐색은 단순히 문제의 원인을 찾는 것이 아니라, 고통스러운 상황을 어떻게 받아들이고, 그 안에서 어떻게 적응하고 성장할 것인지에 대한 통찰과 해답을 찾는 데 도움을 준다.

스트레스 대처 전략

스트레스를 받는다고 느끼는 것은 우리에게 어떤 일이 발생했음을 알리는 중요한 시그널이다. 이는 마치 알람 혹은 경보기 같은 것으로 특정 상황이나 문제에 주의를 기울여야 함을 알려 준다. 그렇기에 우리는 이 알람 소리에 귀를 기울이고, 그 안에 어떠한 메시지가 담겨 있는지를 찾아내야 한다.

특히 트라우마 이후의 스트레스 반응은 더욱 섬세하게 다뤄져야 한다. 트라우마를 겪은 사람의 스트레스 반응은 때로 현실의 위협 수준과 비례하지 않게 아주 강하게 나타난다. 이는 단지 예민하거나 약해서가 아니라, 과거의 생존 본능이 현재에도 여전히 작동하기 때문이다. 그 반응은 과거에 '살아남기 위해 반드시 필요했던 방식'이었으며, 지금도 몸과 마음이 우리를 보호하기 위해 애쓴다는 증거다.

이러한 이유로 트라우마 후의 스트레스를 단순히 억제하거나 회피하는 대신, 그 신호에 존중과 호기심을 갖고 다가가는 태도가 회복의 출발점이 된다. '지금 내 안에 어떤 알람이 울리는가?', '이 불안은 무엇을 말하려 하는가?'라는 질문을 스스로에게 던질 때, 우리는 스트레스를 내면과 소통하는 하나의 창으로 전환시킨다. 화재 알람이 귀청 터질 듯 울린다고 가정해 보자. 우리는 무엇을 해야 하는가? 알람을 끄고, 그 알람이 왜 울리는지를 파악해야 한다. 단순히 알람만 꺼서도 안 되고, 반대로 원인만 찾으며 알람이 계속 울리게 놔두어서도 안 된다.

스트레스의 영향은 사람마다 다르다. 불안, 무기력, 불면, 집중력 저하 등 다양한 증상으로 나타날 수 있다. 이러한 증상을 겪을 때, 그것을 회피하거나 무시하기보다 직면하고 이해하는 것이 중요하다. 스트레스를 단순한 문제로 여기지 말고, 그 안에 담긴 메시지를 해독하려는 노력이 필요하다. 그 메시지는 우리에게 변화가 필요하다고 말하고 있을지도 모른다.

스트레스는 우리 몸과 마음에서 나오는 소리 없는 외침이다. 때로는 그 외침의 원인을 명확하게 파악하기 어려울 수 있다. 스트레스는 일상에서의 소소한 부담, 내가 맡은 업무와 내가 할 수 있는 능력 간의 차이, 사랑하는 사람들과의 관계에서 오는 미묘한 갈등,

대인 관계에서의 마찰, 직장과 삶의 불균형 그리고 우리의 기대치와 현실의 괴리 등 여러 가지 원인에서 비롯된다.

스트레스의 원인을 깊이 파악하기 위해서는 자신의 상황과 반응을 섬세하게 관찰하고, 그 안에서 단서를 찾는 과정이 필요하다. 예컨대, 특정 상황이 과거의 트라우마를 떠올리게 한다면 그것이 스트레스의 주요 원인이 될 수 있다. 또한 체력이 떨어져 있거나 잠을 충분히 못 잔 경우에는 스트레스를 더욱 느끼기 쉽다. 이 외에도 영양 부족이나 인간관계의 어려움 등도 스트레스 원인이 될 수 있다. 이렇게 스트레스 원인을 구체적으로 파악하는 것은 스트레스를 해소하거나 관리하는 데 중요한 첫걸음이다. 이를 통해 우리는 스트레스에 더 효과적으로 대응할 수 있는 방법을 찾고, 더 건강하고 평온한 일상을 이룰 수 있다.

나만의 스트레스 완화 전략을 찾기 위해서는 다양한 접근과 시도가 필요하다. 예를 들어 영화 관람, 독서, 일과 여가의 균형, 사회 모임과 뉴스 소비 조절, 충분한 수면, 운동, 자연 속에 머물기 등 다양한 활동을 통해 스트레스를 관리할 수 있다. 이러한 활동이 나에게 미치는 영향을 기록하고, 이를 통해 무엇이 가장 효과적인지를 찾는 과정이 필요하다. 이러한 행동과 시도, 탐색과 통찰을 통해 우리는 스트레스와의 상호작용에서 성장한다. 스트레스와의 대화는 자기 이해를 깊게 하고, 웰빙을 위한 실질적 전략을 마련하는 데 도움을 준다. 이 과정 속에서 스트레스는 단순한 적이 아닌, 우리의 성장과 발전을 위한 요소로 전환된다.

나의 스트레스 대처 경향 이해

삶에서 경험한 스트레스에 대해 우리는 습관적으로 대처하는 방식을 개발하면서 지금까지 생존해 왔다. 인생의 다양한 문제를 해결하기 위해 여러 방법이 존재하기에 내가 어떤 대처 경향을 갖는지 스스로 이해하는 것은 매우 중요하다. 다음의 질문을 읽고 '나는 스트레스를 접했을 때 어떤 대응과 대처를 하는 경향이 있는지' 생각해 보자.

표 3 문제 대처 대응 방법

	내용	확인
1	나는 다른 일에 마음을 쏟으려고 노력한다.	
2	내가 처한 상황에 대해 뭔가를 해 보는 데 노력을 집중한다.	
3	나는 '지금 느끼는 감정은 진짜가 아니다'라고 속으로 말한다.	
4	기분을 좋게 하기 위해 술이나 다른 약물을 사용한다.	
5	다른 사람에게 감정적인 지지를 받는다.	
6	상황에 대처하는 것을 포기한다.	
7	상황을 개선하기 위해 조치를 취한다.	
8	그 일이 일어나지 않았다고 생각한다.	

9	불쾌한 감정을 떨쳐 버리기 위해 여러 가지 내면의 대화를 한다.	
10	다른 사람의 도움과 조언을 받는다.	
11	술이나 다른 약을 써서 이겨 낸다.	
12	좀 더 긍정적 관점을 갖고 다른 시각으로 보려고 노력한다.	
13	나 자신을 비난한다.	
14	무엇을 해야 할지에 대한 전략을 세우려고 노력한다.	
15	누군가에게 위로를 받고 이해를 얻는다.	
16	대처하려는 시도를 포기한다.	
17	지금 일어나는 일에서 무언가 긍정적인 면을 찾는다.	
18	사건에 대해 농담을 한다.	
19	영화 관람, 독서, 공상, 수면, 쇼핑 등 덜 생각하기 위해 다른 활동을 한다.	
20	그 일이 일어났다는 현실을 받아들인다.	
21	부정적인 감정을 표현한다.	
22	종교나 영적인 위안을 찾기 위해 노력한다.	
23	어떻게 해야 할지 다른 사람에게 조언을 구하거나 도움을 받으려 노력한다.	
24	스트레스와 함께 사는 법을 배운다.	
25	어떤 조치를 취해야 할지 고민한다.	
26	일어난 일에 대해 나 자신을 비난한다.	
27	기도나 명상을 한다.	
28	닥친 상황을 우스운 듯 대한다.	

※ 문제 중심 대처(항목 2, 7, 10, 12, 14, 17, 23, 25)
 감정 중심 대처(항목 5, 9, 13, 15, 18, 20, 21, 22, 24, 26, 27, 28)
 회피 중심 대처(항목 1, 3, 4, 6, 8, 11, 16, 19)

이 질문은 문제 대처 대응 방법coping orientation to problems experienced, Brief COPE이라는 평가 도구로, 스트레스가 되는 다양한 사건에 대응하는 대처 전략을 평가하기 위해 심리학 연구에서 광범위하게 활용된다. 스트레스 대처 전략을 크게 세 가지 범주로 나눌 수 있는데, 답변한 내용을 바탕으로 내가 자주 사용하는 전략이 어느 범주에 해당하는지 살펴보자.

다양한 스트레스 대처 전략

스트레스 대처 전략을 구분하는 데는 여러 가지 방식이 있지만, 앞에서 제시한 세 가지 범주를 중심으로 이야기해 보자.

① 문제 중심 대처

문제 중심 대처 전략은 스트레스 요인과 직접적으로 맞서는 방식이며, 상황 변화를 통해 스트레스 원인이나 영향을 감소시키려는 시도로 이루어진다. 이는 문제 해결 능력 강화, 사회적 지지 활용 그리고 복원력 증진 활동으로 구체화된다. 예를 들어, 정신 건강 전문가와의 대화를 통해 개인의 스트레스 요인과 관련된 문제를 파악하고, 새로운 대처 기술과 전략을 배우려는 노력이 포함된다. 또, 목표를 세우고, 이를 달성하기 위해 구체적인 계획을 세우기도 한다. 문제의 본질을 이해하고 효과적으로 대처하려는 노력이다. 할 일 목록을 작성하고 작업을 관리하기 위한 일정표를 활용하는 것도 포함된다.

지인, 친구, 가족 등으로부터 감정적 지지를 얻거나 필요에 따라 실질적인 도움을 받는 것도 문제 중심으로 스트레스를 줄이려는 노력이다. 또한 마음을 편안하게 하고 신체적으로도 회복할 수 있는 활동, 예를 들어 명상, 요가, 또는 다른 종류의 운동을 통해 스트레스 관리에 적극적으로 임하는 것도 이에 해당한다.

② **감정 중심 대처**

이 전략은 스트레스의 원인을 해결하기보다는 스트레스로 인해 발생하는 감정적인 고통을 관리하고 줄이려는 방식이다. 특히 현재 상황을 직접적으로 바꾸기 어려울 때, 감정 상태를 안정화하고 내재된 스트레스를 완화하는 데 효과적인 접근법이다.

마인드풀니스mindfulness가 대표적인 예인데, 현재 순간에 완전히 몰입하고 판단 없이 경험을 받아들임으로써, 감정을 보다 명확하게 이해하고 수용하는 데 도움이 된다. 이는 스트레스로부터 일시적인 휴식을 제공하고 감정의 안정을 불러온다. 심호흡, 근육 이완 등을 통해 신체의 긴장을 완화하고, 마음의 평온함을 회복하는 데 중요한 역할을 한다. 깊고 느린 호흡은 심리적 안정감을 높이고, 근육 이완은 신체적 스트레스를 감소시키는 데 기여한다. 또한 부정적인 생각 패턴을 인식하고, 이를 더 건설적이고 지지적인 사고로 바꾸는 것도 감정 조절과 스트레스 관리에 중요하다.

③ 회피 중심 대처

회피 중심 대처는 스트레스와 그 원인으로부터 일부러 눈을 돌리거나 심리적 고통을 덜기 위한 일시적인 반응을 말한다. 이 전략은 일시적인 안도감을 줄 수 있지만, 장기간 의존할 경우 문제의 본질적인 해결을 저해하고, 때로는 추가적인 문제를 초래한다. 약물이나 술을 이용해 스트레스로부터 벗어나려 시도하는 것이 대표적 예다. 이는 일시적으로 마음의 무게를 덜 수 있지만, 결국에는 스트레스 원인을 해결하지 못해 잠재적으로 건강과 삶의 질에 나쁜 영향을 준다.

또한 스트레스를 유발하는 상황, 예를 들어 특정 사회적 환경이나 업무적 상황을 회피하는 것도 잠시 동안은 마음의 평화를 가져올 수 있지만, 결국 다시 그 상황과 마주할 때 더 큰 스트레스로 되돌아온다. 심리적, 물리적 문제를 직면할 때 그 존재를 무시하거나 부인하는 경우도 있다. 하지만 문제의 인식 없이는 적절한 해결책을 찾기 어렵고, 이로 인해 문제는 오히려 악화된다.

그러나 회피 대처 전략이 항상 나쁜 것은 아니다. 때로는 잠시 동안 스트레스로부터 벗어나는 것이 필요하다. 다만 이러한 전략에 지나치게 의존하는 것은 문제와 직면하고 그것을 효과적으로 처리하는 능력을 저해할 수 있으니 주의해야 한다.

가장 좋은 스트레스 대처 방법은?

스트레스 다루는 법에 정답은 없다. 모든 대처 방식은 상황과 개인에 따라 다르게 작용하며, 동일한 전략이라도 어떤 사람에게는 도움이 되고, 어떤 사람에게는 오히려 해로울 수 있다. 예컨대 회피 중심 대처 전략은 때로는 감정적 과부하를 막고, 숨 돌릴 시간을 주는 심리적 휴식처가 된다. 반면, 문제의 본질을 회피하거나 미루게 만들어 장기적으로 더 큰 스트레스를 유발할 수 있다. 이처럼 대처 전략의 '좋고 나쁨'은 절대적인 기준이 아니라 상황과 타이밍, 개인의 상태에 따라 평가되어야 한다.

특히 트라우마 이후의 스트레스 반응은 일반적인 스트레스와는 그 깊이와 성격이 다르다. 트라우마는 삶 전체를 흔드는 경험이기에, 그 회복 과정도 훨씬 더 복합적이고 유연한 접근이 필요하다. 스트레스 대처 전략을 선택할 때는 상황의 성격, 감정의 강도, 현실적 조건을 함께 고려해야 한다.

예를 들어, 정서적인 스트레스에 직면했을 때는 사회적 지지가 큰 힘이 된다. 공감, 이해, 소속감은 우리가 버티고 살아가는 힘이 되며, 트라우마 이후 무너진 관계와 신뢰를 회복하는 데 중요한 역할을 한다. 가족이나 친구와의 대화, 전문가와의 상담, 또래 집단과의 교류는 심리적 안전 기지로 작용한다. 반면, 트라우마 이후에 남는 구체적인 현실의 문제(금전적 어려움, 실직, 법적 대응 등)에는 문제 해결 중심 대처 전략이 보다 효과적이다. 문제의 원인을 파악하고, 실행

가능한 계획을 세워 하나씩 해결해 나가는 접근은 현실적 안정과 자율성 회복에 도움을 준다.

이렇듯 트라우마 이후의 스트레스 관리에서 핵심은 상황에 맞는 전략을 적절히 선택하고, 능동적 대처와 일시적 회피 사이의 균형을 유연하게 조절하는 것이다. 우리는 문제를 직면하고 해결하는 힘을 키워야 하지만 때로는 감당하기 어려운 순간에 자신을 보호하기 위해 잠시 등을 돌리는 용기도 필요하다. 지속적인 트라우마로 인한 스트레스와 긴장은 심리적, 신체적 소진으로 이어질 수 있기에, 때로는 상황에서 물러나 에너지를 회복하는 회피적 전략 또한 유효한 '잠정적 도구'가 될 수 있다. 이렇게 확보한 시간과 휴식은 우리가 다시 중심을 잡고 보다 명확하게 문제를 바라볼 수 있도록 돕는다.

결국 중요한 것은 자신의 상태를 민감하게 감지하고, 그때그때 나에게 가장 적절한 전략을 선택할 수 있는 자기 인식과 유연성이다. 트라우마 이후의 삶에서 스트레스 대처 전략은 완벽한 해답이 아니라, 우리가 부서지지 않고 계속 살아가기 위한 도구 상자이며, 그 도구는 매 순간 상황에 맞게 꺼내 쓸 수 있게끔 준비가 되어 있어야 한다.

몇 년 전, 규리는 직장에서 심각한 왕따를 당한 후 회사를 떠났다. 그 사건 이후 그녀는 오랫동안 사람들과 어울리는 일을 모두 피했다. 친구 모임에도 가지 않았고, 새 직장도 구하지 않앉으며, 집 근처 카페에 가는 일도 드물었다. 처음엔 모두가 걱정했지만, 규리는 이렇게 말했다.

"나를 다시 수습할 시간이 필요했어요. 아무 일 없는 척 웃고 다니는 것보다 그냥 가만히 있는 게 저한테는 더 안전했어요."

그녀의 선택은 회피처럼 보였지만, 그 시기는 규리에게 자신을 지키기 위한 최소한의 생존 전략이었다. 그녀는 일상을 멈춘 그 몇 달 동안 소리 내 울고, 기록하고, 상담받으며 내면을 정리했다. 그리고 어느 날, 자신도 모르게 이제는 사람을 다시 만날 수 있을 것 같다는 느낌이 들었고, 지역의 작은 북클럽에 참석했다. 그 만남은 다시 세상과 연결되는 첫걸음이 되었다.

반면, 같은 시기에 또 다른 트라우마를 겪은 진호는 반대의 길을 택했다. 그는 힘든 일이 생기면 늘 일에 몰입하는 방식으로 감정을 잊으려 했다. 직장에서 더 많은 프로젝트를 맡고, 야근과 주말 근무까지 자처했다. 처음에는 바쁘게 지내는 게 차라리 낫다며 마음을 다잡았지만, 시간이 지날수록 진호는 심한 불면증과 공황 증상을 겪었다. 정신없이 지냈지만 마음속 고통은 전혀 줄지 않았다는 걸 깨달았을 때, 그는 비로소 자신이 문제 해결이 아닌 회피를 했다는 사실을 인정하게 되었다.

이처럼 같은 대처 전략(회피나 몰입)이라도 어떤 사람에게는 회복의 통로가 되고, 또 어떤 사람에게는 증상을 악화시키는 요인이 된다. 중요한 것은 대처 방식 자체의 좋고 나쁨이 아니라, 그 방식이 '지금의 나'에게 어떤 영향을 주는지를 인식하는 감수성이다.

감정 알아차리는 연습

마이크 슬레이드Mike Slade는 "트라우마 후 성장은 자신에 대한 발견 self-discovery을 통해 내가 누구인지를 알게 되는 자아 개념 sense of self 과 인생에 대한 가치관 life perspective에 도달하는 과정"이라고 말한다. 즉, 트라우마 후 성장은 단지 트라우마를 견딘 자아가 아니라, 고통을 지나며 삶의 본질과 연결되는 더 깊은 '나'를 발견해 가는 여정이다.

이러한 성장은 내가 누구인지에 대한 질문에서 시작된다. 트라우마는 강렬한 사건인 만큼, 우리의 삶을 '그 이전'과 '그 이후'로 나눈다. 때로는 트라우마 이전의 내가 마치 사라진 듯 느껴지기도 한다. 그러나 진정한 회복은 이전의 나를 회피하지 않고 다시 만나는 것에서부터 시작한다.

'트라우마가 일어나기 전 나는 어떤 모습이었는가?'

'일상의 작은 어려움 앞에서 나는 어떤 방식으로 반응했는가?'

'그때 나를 지탱해 준 것들은 무엇인가?'

이런 질문은 단순한 회상이 아니라 과거의 나와 현재의 내가 손을 맞잡는 통로가 된다. 우리가 종종 잊는 것은 트라우마 이전의 나 또한 이미 무수한 삶의 문제를 견디고 이겨 낸 존재였다는 사실이다. 비록 지금은 지쳐 있고, 상처받았고, 때로는 무너진 듯 느껴지더라도, 과거의 나에게는 지금의 나를 다시 일으켜 세울 수 있는 잠재적 회복력과 자원이 있다.

과거를 돌아보는 이 여정은 자책이나 후회를 위한 시간이 아니다. 오히려 과거의 나를 있는 그대로 바라보고, 내가 지닌 강인함과 회복력을 인정하는 과정이다. 그 시절의 나에게 '너는 정말 애썼어'라고 말해 주는 것, 그리고 그 애씀이 지금의 나에게 어떤 통찰과 자산이 되었는지를 찾는 일이다.

트라우마 후 성장은 단절된 과거를 복원하고, 그 조각들을 현재와 미래에 이어 붙여 새로운 삶의 지도를 그리는 작업과도 같다. 과거의 고통스러운 순간조차도 지금의 나를 구성하는 일부임을 인정하고, 그 안에서 배운 지혜를 오늘의 삶에 통합할 수 있을 때, 우리는 비로소 진정한 변화와 통합의 여정을 걷는다. 그러니 자신에게 다시 물어보자.

'과거의 나는, 어떻게 나를 지켜 냈는가?'

'그때의 나에게 배울 수 있는 점은 무엇인가?'

이 질문에 진심으로 귀 기울일 때, 우리는 더 강하고 더 온전한 미래의 나를 준비할 수 있다.

감정 탐험

트라우마로부터의 성상을 추구하는 과정에서 핵심적인 단계는 감정을 깊이 관찰하고, 솔직하게 표현하며, 부드럽게 다루는 것이다. 이 여정의 출발점은 '감정 인지'라는 개념이다. 감정을 정확히 알아차리고 이해하는 것은 우리의 내면 변화와 성장을 촉진시키는 기본적인 발판이다.

'지금 내가 무슨 감정을 느끼는가?'

이 질문은 우리가 현재 어떤 감정적 상태에 있는지를 명확히 파악하고, 그 감정을 단어로 표현하여 감정 제어와 조절에 한 걸음 더 다가갈 수 있도록 돕는다. 감정을 명확하게 인식하고 그 원인을 파악하는 것은, 감정에 휘둘리지 않고 스스로의 감정을 주도하는 길을 열어 준다.

내가 어릴 때만 해도 감정을 깊게 탐구하는 것이 전혀 중요시되지 않았다. 1970~1980년대 우리 사회는 주로 생존과 직결된 경제

발전에만 몰두했고, 감정은 그저 방해 요소로 여겨져 그 가치를 무시하거나 억제하는 경향이 있었다. 그러나 2020년이 훌쩍 넘은 지금, 이제 우리는 경험하는 모든 감정에 진정한 관심을 가져야 한다. 감정 탐험에 처음 발을 들이는 사람들에게 이는 큰 도전이자 기회가 될 수 있다. 다양한 감정의 세계를 발견하고, 그 감정이 어떻게 나타나는지 경험하는 것은 스스로에 대한 깊은 이해로 이어진다. 여기서 중요한 것은 어떠한 감정도 잘못되었다고 생각하지 않는 것이다. 모든 감정은 우리 삶의 한 부분이며, 그 자체로 가치가 있다.

2003년, 나는 처음으로 미국 땅을 밟았고 그곳에서 다양한 문화와 사람들, 특히 그들의 양육 방식에 큰 흥미를 가졌다. 이웃집 아이들이 감정을 표현하고 대화하는 방식을 목격했는데, 이것은 한국에서의 경험과는 많이 달랐다. 미국의 부모들은 아이들이 불만을 가지거나 울 때 "울지 마. 말로 표현해 봐. 어떻게 느끼는지 말해 봐. 무엇을 원하는지 말하렴. 목소리를 내"라고 아이들에게 감정을 말로 표현하도록 교육한다.

이런 교육 방식 덕분에 아이들은 서너 살쯤 되면 감정을 구체적이고 상세하게 표현하기 시작한다. 이런 훈련은 아이들에게 감정 인식, 정서적 안정감 그리고 사회적 기술 발달의 중요한 토대를 마련해 준다. 이웃집의 네 살 먹은 아이가 뭔가 불만 가득한 표정으로 속상한 얼굴을 하고 있길래 "왜, 슬픈 일 있었어?"라고 물었더니, "아니, 슬픈 건 아니에요. 언니 때문에 화가 나요"라고 말했다. 정확한 아이의 감정 표현에 많이 놀랐던 기억이 있다.

인간이 느끼는 감정의 수는 얼마나 될까? 버클리 웰빙 연구소에서는 감정을 271개로 분류했지만 이것이 전부라고는 말할 수 없다. 이 책에서는 폴 에크먼^{Paul Ekman}이 제안한 '분리된 감정 이론'을 통해 좀 더 단순화된 감정 분류에 대해 알아보려 한다. 에크먼은 감정을 크게 즐거움, 슬픔, 두려움, 화남, 혐오의 다섯 가지 카테고리로 분류한다.

즐거움 카테고리에는 기쁨, 행복, 자랑, 흥분 등의 긍정적인 감정이 포함된다. 이런 감정은 보통 행복한 경험, 만족 그리고 삶의 긍정적인 순간과 관련이 있다. 한편 슬픔 카테고리에는 외로움, 불행, 절망, 우울, 비참 등의 감정이 포함된다. 이러한 감정은 주로 상실, 실패, 희망의 부재와 같은 부정적인 경험과 연결된다.

두려움 카테고리에는 걱정, 긴장, 불안, 공포, 스트레스 등의 감정이 담겨 있다. 이런 감정은 주로 위협이나 위험에 대한 반응이다. 화남 카테고리에는 짜증, 비통, 분노, 모욕감, 복수심 등이 포함된다. 이런 감정은 대개 억울함을 느낄 때나 불공평한 대우를 받았을 때 발생한다. 그리고 혐오 카테고리는 싫증, 구역질, 불쾌감, 끔찍함 등의 느낌을 포함한다. 이는 대개 비위생적이거나 마음에 들지 않는 상황과 연관된다.

감정을 알아차리는 능력은 자연스럽게 생기지 않는다. 배우고 연습해야 하는 심리적 언어다. 우리는 어릴 때부터 이 언어를 배웠어야 했지만 많은 이들이 그러지 못했고, 특히 트라우마 경험은 그 언어를 더 깊숙이 잊게 만든다. 하지만 감정은 결코 사라지지 않는다. 말이 되지 못한 감정은 몸에, 행동에, 표정에, 심지어 건강에 나타나며 계속해서 자신을 알아달라고 신호를 보낸다. 감정 탐험은 그 신호에 귀를 기울이는 일이다.

'나는 슬픈 건가, 화가 난 건가, 외로운 건가, 그냥 지친 건가?'

이 질문을 던지고 마음속에서 올라오는 대답을 억누르지 않고 그대로 받아 보는 연습이다.

지혜는 학창 시절 학업 스트레스로 탈모와 불면을 겪었다. 뭐든지 힘든 일이 있으면 '그냥 스트레스가 많아서 그렇다'고 했지만, 대학을 졸업하고도 비슷한 증상이 반복되자 상담을 받게 되었다. 상담사는 그녀에게 매일 5분씩 감정을 기록해 보자고 제안했다.

"오늘 하루 중 가장 인상 깊었던 순간 그리고 그때 느낀 감정을 세 단어로 써 보세요."

처음엔 막막했다. '오늘은 기분이 좋았다' 혹은 '기분이 안 좋았다' 정도로만 적던 그녀는 조금씩 '초조함, 민망함, 기대감, 억울함, 다정함' 같은 구체적인 단어를 발견하기 시작했다. 그러자 마음이 놀랍도록 정리되었다. '아, 나는 분노만 느끼는 게 아니라, 그 안에 슬픔도 있었고, 불안도 있었구나.'

이 깨달음은 지혜가 자신을 좀 더 친절하게 바라보는 계기가 되었다. 이제 그녀는 하루를 마무리할 때면 '오늘 느낀 감정 중 가장 소중했던 건 뭘까?'라는 질문을 스스로에게 던진다.

감정 외재화

감정은 사람마다 독특하며, 개인적인 경험의 연속이다. 어렸을 때부터 나는 내 감정을 깊이 생각했다. 때로는 설명하기 힘든 특별한 기분이 찾아왔다. 그 기분은 마치 내 속에서 천천히 번지는 불길 같았다. 활활 거칠게 타오르는 불이 아니라, 나일론 소재에 작은 불똥이 튀어 천천히 검게 타들어 가는 듯한 느낌이었다. 그 불길이 서서히 내 마음을 따끔거리게 했고, 눈에는 피로가 가득하며, 머리는 미세한 두통과 함께 소름이 돋는 듯했다. 사람들과의 대화조차 부담스러워지면서 심장은 더욱더 빠르게 뛰었다. '아, 또 그 기분, 똑같은 그 기분이 든다'라고 그렇게 생각했다. 이런 감정을 여러 번 경험하며, 그것을 어떻게 설명하고 표현할지 고민했다. 그래서 나는 그것을 '그 특별한 기분'이라고 부르기로 결정했다.

감정은 종종 단어로 정의하는 데 한계가 있다. 그럼에도 그런 감정에 스스로 이름을 붙이는 것은 감정을 이해하고 관리하는 데 큰 도움이 된다. 나만의 감정을 명명하고 이해하는 과정은 나 자신과의 깊은 대화를 시작하는 것이다. 내가 '그 특별한 기분'을 느끼고 명명한 것처럼, 우리는 모두 각자의 독특한 감정을 경험한다. 그런 감정에 이름을 붙여 정의하는 것은 그 감정을 더욱 명확하게 이해하고, 타인과의 소통을 더욱 풍부하게 만든다. 자신만의 감정 사전을 만드는 것은 나와 주변 사람들과의 관계를 더욱 풍요롭게 만드는 방법 중 하나다.

감정에 이름을 붙이는 행위는 감정이라는 눈에 보이지 않는 것을 하나의 실체로 만드는 과정이다. 이렇게 이름을 붙임으로써 감정은 더 이상 모호하거나 혼란스러운 내면의 반응이 아니라, 인식하고 관리할 수 있는 존재가 된다. 이런 변화를 이해하기 위해 외재화 externalization라는 개념을 소개한다.

외재화는 '외부에 존재하게 하다'라는 의미로, 우리의 내면에 있던 감정이나 경험을 독립된 외부의 존재로 만드는 것이다. 이렇게 외부화된 감정이나 경험은 이제 나와 분리되어, 마치 대화를 나눌 수 있는 또 하나의 존재처럼 느껴지게 된다. 이런 과정을 통해 우리가 자신의 감정과 마주할 때, 그것을 조금 더 객관적인 시각에서 바라볼 수 있게 돕는다.

특히 트라우마와 같은 깊은 상처를 가진 사람에게 감정 외재화는 큰 도움이 된다. 트라우마 경험은 때때로 그 사람의 존재나 정체성을 좌지우지한다. 이런 강렬한 경험과 감정을 외부의 존재로 만드는 외재화 과정을 통해, 트라우마는 내 존재를 정의하는 것이 아니고, 트라우마와 자신은 동일하지 않다는 것을 깨닫게 된다. 트라우마로 인한 수치심이나 죄의식과 같은 부정적인 감정을 조금 더 건강한 방식으로 처리하고 트라우마 경험과 거리를 둘 수 있다.

트라우마가 내재되어 있을 때, 우리는 문제의 한복판에 있게 된다. 외재화는 나를 문제의 중심에서 벗어나게 해 준다. 그렇게 함으로써 나의 자아는 감정이나 문제의 무게로부터 상대적으로 자유로워지고 가벼워진다. 내가 무엇을 느끼는지, 그 감정이 왜 생겼는지를 명확히 이해하게 되면 감정이 나를 지배하는 것이 아니라, 내가 그 감정에 어떻게 대응할 것인지를 선택할 수 있게 된다.

예를 들어, 트라우마로 인한 불면과 불안을 겪던 한 청년은 매일 밤 자리에 누워 자신의 감정을 색으로 표현하는 그림을 그리기 시작했다. 그는 '그날의 내 마음'을 한 장의 이미지로 표현한 후, 그 밑에 짧은 설명을 덧붙였다.

"오늘의 나는 축축한 회색 속에서 붉은 조각이 깨어나는 느낌."

그는 이 작업을 '내 감정 풍경을 그리는 일기'라고 불렀고, 석 달이 지나면서 자신의 감정 흐름이 보다 명확히 보이기 시작했다고 말했다. 무엇보다 감정이 통제할 수 없는 내 안의 무언가가 아니라, 내가 표현하고 해석할 수 있는 대상이 되었다는 점에서 큰 변화였다. 이처럼 외재화는 다양한 방식으로 실천할 수 있다.

- 글로 쓰기(예: 지금 내 마음을 하나의 캐릭터로 묘사해 보기).

- 사진이나 이미지로 감정의 분위기 담기.
- 물건에 감정 부여하기(예: 불안을 상징하는 작은 돌을 책상에 올려놓고 매일 대화 나누기).
- 감정을 대표하는 노래나 소리, 영상 만들기.
- 감정에 이름 붙이기(예: 내 안의 회피성 '걱정이'와 이야기해 보기).

이러한 작업을 통해 우리는 자신의 감정을 마치 이야기 속 등장인물처럼 객관적인 존재로 다룰 수 있게 되며, 그 과정에서 감정의 근원, 반복되는 패턴, 무의식적 반응을 천천히 들여다보고 해석할 수 있다. 무엇보다 중요한 것은 이 감정들이 더 이상 나를 압도하거나 규정하는 절대적인 존재가 아니라 함께 살아가는 존재, 이해할 수 있는 감정적 동반자로 재정의된다는 점이다.

트라우마로 인한 수치심이나 무기력함, 반복되는 불안함 같은 감정도 마찬가지다. 우리는 그 감정을 '나 그 자체'로 착각하기 쉽다. 그러나 외재화를 통해 그것은 나의 일부일 뿐이고, 심지어 나에게서 떼어 내어 나의 밖에 존재할 수 있음을 깨닫게 된다. 그리고 그렇게 분리하고 나면 우리는 그 감정을 어떻게 대할 것인지를 주체적으로 선택할 수 있는 힘을 되찾게 된다. 감정은 더 이상 나를 조종하는 실체가 아니라, 내가 다룰 수 있는 하나의 대상이 된다. 이 과정을 반복할수록 감정은 두려움의 존재가 아니라 이해와 돌봄의 대상으로 바뀐다. 결국 우리는 감정을 통제하려 하기보다, 감정과 더불어 살아가는 법을 배우게 된다.

●●●●●○

나를 마주하는 용기

몸의 언어를 듣는 보디 스캔

트라우마 이후의 삶에서 가장 어려운 일은, 때로 외부의 위협이 아니라 자신의 내면을 향해 시선을 돌리는 일이다. 우리는 종종 바쁘고 복잡한 일상 속에서 자신을 잊은 채 살아간다. 그러나 회복의 시작은 '지금 여기의 나'와 다시 연결되는 순간에서 비롯된다.

    이런 자기 연결을 돕는 도구 중 하나가 바로, 흔히 '보디 스캔 body scan'이라 불리는 신체 감각 기반의 마인드풀니스 훈련이다. 보디 스캔은 이미 널리 알려진 스트레스 완화 방법이다. 명상이나 요가, 마인드풀니스 실천 과정에서 자주 등장하는 방법이지만, 보통은 심호흡 몇 번, 스트레칭 몇 동작으로 가볍게 넘기고는 한다. 하지만 보디 스캔은 이 기술 하나만으로도 많은 다른 기술을 대체할 수 있을 만큼 아주 강력한 심신 안정 방법이다.

보디 스캔은 일반적인 스트레스 상황부터 심각한 트라우마 스트레스 상황까지 큰 도움이 된다. 특히 일상생활의 여러 시점과 상황에서 수행할 수 있어 활용도가 높다. 아침에 일어나자마자, 잠들기 전, 스트레스를 느낄 때, 혹은 그저 심심한 순간에도 이 기술을 활용해 마음의 평온함을 찾을 수 있다. 보디 스캔을 이해하기 위해서는 슈퍼마켓에서 흔히 보는 바코드 스캐너, 공항에서 빨간 레이저 불빛으로 몸을 검색하는 기계, 혹은 CT나 엑스레이 등을 찍을 때 광선이 서서히 지나가는 이미지를 떠올려 보면 좋다.

보디 스캔의 기본 아이디어는 몸 전체를 천천히 스캔하는 것이다. 마치 스캐너가 몸의 구석구석을 빠짐없이 훑어보는 것처럼, 보디 스캔을 통해 몸의 세세한 부위 하나하나에 깊은 주의를 기울인다. 특히 스캔 과정을 느리게, 아주 느리게 진행할수록 그 효과는 더욱 극대화된다. 보디 스캔을 할 때 바쁘다고 머리부터 발끝까지 10초 만에 스캔하면 아무런 효과가 없다. 다른 몸 부위나 생각에 주의가 분산되지 않도록 하는 것이 중요하다.

예를 들어, 코를 스캔할 때는 온 신경을 코에만 두어야 한다. 그러면 신체의 다른 부위, 팔이나 발에는 자연스럽게 신경을 덜 쓰게 되고, 그 부위의 긴장감이 줄어들 것이다. 또, 코에 완전히 집중하다

보면 마음 상했던 친구와의 대화 내용도 잊게 된다. 그 결과 근육은 이완되고, 몸과 마음은 평온해진다.

보디 스캔을 하면서 우리는 몸과 마음의 현재 상태를 세밀하게 인지할 수 있고, 내면에 쌓인 불안이나 스트레스로부터 멀어지며, 깊은 휴식을 찾게 된다. 그 과정에서 몸과 마음 사이의 균형이 회복되고, 자신에 대한 깊은 이해를 키울 수 있다. 특히, 몸의 각 부위와 연결을 더욱 강화함으로써, 전반적인 건강 상태와 편안함도 향상된다. 보디 스캔을 꾸준히 연습하면 그 효과를 체감할 수 있으며, 이는 건강한 삶으로 한 발짝 더 나아가게 도와준다. 구체적인 보디 스캔 연습 방법은 다음과 같다.

❶ 보디 스캔을 처음 시작할 때는 조용하고 편안한 장소를 선택하는 것이 중요하다. 집중하는 연습을 위해 이 장소에서는 어떤 방해도 없어야 한다. 보디 스캔 연습은 앉아서 할 수도, 누워서 할 수도 있으니 두 방법 모두 시도해 보고 본인에게 맞는 방법을 선택하면 된다.

❷ 시작할 때는 숨을 깊게 몇 번 들이마신 다음 그 순간에 집중한다. 호흡이 천천히 그리고 더 깊게 이루어질 수 있도록 한다. 이때 호흡의 리듬에 집중하면 호흡이 자연스럽게 깊어진다. 심호흡에 대해서는 다양한 이론이 있지만, 코나 입으로 들이마시고 내쉬는 규칙보다는 자신에게 맞는 방법으로 호흡하면 된

다. 그저 호흡을 길고 깊게 하는 데 집중한다. 다만, 너무 인위적인 호흡은 과호흡으로 이어질 수 있으니 자연스럽게 호흡하는 것이 중요하다. 눈은 감아도 좋고, 편안하게 한곳을 응시해도 좋다.

❸ 발끝부터 시작해 보자. 발가락에 집중하며 그 부위의 감각이나 긴장감을 인식한다. 긴장을 느낄 경우, 숨을 내쉬면서 발가락을 상상 속에서 숨과 함께 이완시킨다. 이렇게 자신의 몸을 점차 이완시킨다. 이때 '발가락이 점점 편안해진다' 등의 나만의 주문을 반복하면서 실제로 발가락의 힘을 빼고 편안해지도록 한다. 한 부위에 주문을 세 번 이상 반복하여 충분히 이완할 시간을 준다.

❹ 그다음 발의 다른 부위로 집중을 옮긴다. 발바닥, 발뒤꿈치, 발등 순으로 주의를 기울인다. 발에서 느껴지는 모든 감각을 호흡과 함께 온전히 받아들인다.

❺ 다리로 올라가며 발목, 종아리, 무릎, 허벅지 순으로 감각을 천천히 탐색한다. 각 부위에 충분한 시간을 들여 감각을 느끼고, 호흡을 통해 그 부위의 긴장을 풀어 준다.

❻ 골반과 엉덩이에도 주의를 기울인다. 그 부위에서 느껴지는 모든 감각을 숨과 함께 받아들인다. 등, 복부, 가슴도 같은 방법으로 천천히 스캔한다. 시간을 들이는 스캔임을 잊지 말고 조급해하지 말자.

❼ 이어서 손과 팔에 집중한다. 손가락, 손바닥, 손등의 감각을 차례로 느낀다. 특히 어깨와 목은 많은 긴장이 쌓이는 부위이므로, 오랜 시간 호흡을 통해 천천히 긴장을 풀어 준다.

❽ 마지막으로 머리와 얼굴을 탐색한다. 머리, 얼굴, 정수리의 감각에 주의를 기울이며 호흡을 통해 남아 있는 긴장을 풀어 준다.

❾ 몸 전체 스캔이 끝난 후에는 다시 호흡에 집중한다. 심호흡을 몇 번 반복하며 서서히 현재의 의식으로 돌아온다. 준비가 되었을 때, 눈을 천천히 뜨고 보디 스캔을 마친다.

때로 보디 스캔을 하다가 잠이 들기도 한다. 그렇다고 '난 이런 방법은 맞지 않아'라고 생각할 필요는 없다. 어쩌면 잠이 들 만큼 보디 스캔을 잘한 것일 수도 있다. 이는 마음의 평화를 얻었다는 뜻이자, 동시에 내게 얼마나 잠과 휴식이 필요했는지를 보여 준다.

'나는 조용한 공간이나 혼자 있을 여유가 없어서 명상이나 보디 스캔을 할 여건이 안 된다'는 한탄을 종종 듣는다. 처음에는 조용한 곳에서 보디 스캔 연습을 시작하는 것이 좋지만, 어느 정도 익숙해지면 어수선한 상황에서도 할 수 있게 되고, 사실 그럴수록 오히려 더 보디 스캔을 연습하는 것이 큰 의미가 있다.

한 친구의 시아버지 이야기다. 전쟁을 피해 미국에 난민으로 온 시아버지는 조국에서도 명상을 했고, 미국에 와서도 명상을 계속했다. 손자와 손녀들이 떼굴떼굴 구르며 소리를 지르고, TV에서 시끄러운 노래가 흘러나와도 명상을 해야겠다 싶으면 그저 눈을 감고 가부좌를 틀고 앉았다. 그러니 상황이 마땅치 않아서 못 한다고 하지 말고 바로 시작해 보자. 시끌벅적한 지하철에서도 해 보고, 배우자가 옆에서 코를 드르렁드르렁 골며 자고 있어서 짜증이 날 때도 보디 스캔을 시도해 보자.

마음 근육을 키우는 마인드풀니스

최근 서양에서 '마인드(마음)+풀(가득 참)'을 뜻하는 마인드풀니스의 가치가 크게 인정받으면서, 다양한 연구를 통해 효과가 인증된 마인드풀니스 기법이 한국으로 들어오기 시작했다. 하지만 마인드풀니스의 기원이 아시아의 불교 사상에 있다는 것을 아는 사람이 얼마나 될까? 미국에서 마인드풀니스를 인기 반열에 올린 존 카밧진Jon Kabat-Zinn 박사는 그의 저서에서 서양의 마인드풀니스가 아시아의 불교 전통에서 받은 영감에 기인했다고 분명히 밝혔다.

그러니 마치 서양에서 비롯된 어떤 신비로운 기법을 활용한다고 생각하지 말자. 우리 주변에서 오랫동안 이어져 온 다양한 전통 속에 어떻게 마인드풀니스가 스며들어 있고, 우리가 이미 아는 것을 어떻게 다시 꺼내 활용할 수 있을지를 생각해 보기 바란다. 우리나라의 문화와 전통에서 마인드풀니스의 흔적을 찾는 것은 어렵지 않다. 수백 년, 수천 년 전부터 우리 선조들은 명상과 깊은 사색을 통해 내면과 외부 세계의 조화를 추구했다. 이런 전통은 우리가 삶의 깊은 의미를 찾고 마음의 안정을 이루는 데 큰 역할을 했다.

내가 학교 다닐 때만 해도 교실에 에어컨이나 선풍기 시설이 제대로 갖추어지지 않았고, 한여름에 공부를 하려고 하면 땀이 비 오듯 흘러서 안 그래도 하기 싫은 공부가 더 하기 싫었다. 학생들 모두가 짜증을 내며 어수선해지면 선생님은 이렇게 말씀하셨다.

"자, 다들 눈 감아. 움직이지 말고 가만히 앉아서 땀이 마르고, 몸이 식고, 시원해질 때까지 조용히 있어 봐."

물론 우리는 짜증이 났지만 그대로 했고, 참 신기하게도 모두의 호흡이 잦아들고, 땀이 거짓말처럼 멈추고, 어느덧 더위가 견딜 만해졌다. 물론 당시에 우리는 그것이 '마인드풀니스'라는 생각은 하지 않았고, 그런 개념을 알지도 못했다. 부모님, 조부모님이 가르쳐 주신 여러 가지 마음을 진정시키는 방법과 사회적, 문화적 상식으로 알던 많은 지혜가 마인드풀니스의 핵심과 닿아 있으니, 한국에서 태어나 자란 것은 큰 이득이다.

우리는 때때로 수많은 감정과 생각에 휘둘린다. 이럴 때 마인드풀니스가 도움이 된다. 미국에서 마인드풀니스가 유행하면서 웃지 못할 상황도 종종 보게 된다. 마인드풀니스 강좌를 앞다투어 듣고, 마인드풀니스 앱을 다운로드하고, 마인드풀니스가 얼마나 좋은지를 설파하는 이들은 많다. 하지만 많은 사람이 마인드풀니스를 마치 해열제나 진통제쯤으로 이해하고 그렇게 활용한다. 즉, 평소에는 마음의 평화에 귀 기울이지 않고 일상을 거침없이 살다가 스트레스가 극에 달하면, '아, 마인드풀니스가 필요해' 하면서 앱을 열어 수업을 듣거나, 가부좌를 틀고 5분간 명상을 한다. 과연 그것이 마인드풀니스일까? 물론 전혀 안 하는 것보다는 도움이 될 수도 있다. 하지만 진정한 마인드풀니스는 스트레스 상황에서 주사 맞듯이 사용하는 것이 아니라 일상의 일부로 편입시켜 꾸준히 연습해야 하는 '수행'이다.

일상의 일부가 되려면 스트레스를 받든 안 받든 하루의 일과로 마인드풀니스를 수행해야 한다. 오랜 기간 마인드풀니스를 수행하고 가르치는 베트남 출신의 친구가 있다. 그녀는 이렇게 말한다.

"마인드풀니스는 근육과 같아. 근력 운동을 매일 조금씩 해서 근육을 튼튼히 해 놓으면, 무거운 것을 갑자기 들게 될 때 강한 근육을 쓸 수 있지. 마찬가지로 마음의 근육을 매일 단련시키면 힘든 일이 생길 때 그 근육을 쓸 수 있어."

그렇다면 마인드풀니스를 어떻게 시작해야 할까? 마인드풀니스에는 여러 가지 방법과 요소가 있지만, 여기에서는 'STOP'이라는 매우 간단한 방법을 소개한다.

- S (stop, 멈춘다)

무슨 일을 하던 중이라도 그대로 멈춰라. 그 순간을 일시 정지하고 현재 상황에 완전히 집중한다.

- T(take a breath, 호흡한다)

깊고 천천히 호흡하면서 현재 순간에 정신을 집중한다. 호흡은 현재의 순간과 바로 연결되는 중요한 매개체다.

- O(observe, 관찰한다)

내 주변과 내 안에서 어떤 일들이 발생하는지 주의 깊게 관찰한다. 마음속의 생각이나 감정, 현재 진행 중인 일에 대한 모든 것을 상세하게 관찰하면서 자신의 상황을 인식한다.

- P(proceed, 계속한다)

관찰한 후에 원래 하던 일로 돌아가되, 이번에는 더욱 주의 깊게 의식적으로 행동하면서 일상으로 돌아간다.

STOP을 실제로 활용할 수 있는 예를 들어 보자. 당신이 인터넷에서 '친구 사귀는 법'에 대한 정보를 찾는다고 가정하자. 인터넷 검색창에 여러 가지 단어를 넣어 친구를 어떻게 사귈지 다양한 방법을 찾는 중이다. 시계를 보니 벌써 세 시간째다. 이때 STOP 기술을 어떻게 활용할 수 있을까?

- S(stop, 멈춘다)

인터넷 검색을 바로 멈춘다. 몇 개만 더 찾고 멈추는 것이 아니라 STOP 하기로 결정한 순간, 문장의 중간에 있다 하더라도 즉시 멈춘다.

- T (take a breath, 호흡한다)

깊고 천천히 호흡하면서 현재 순간에 정신을 집중한다. 심호흡은 아주 쉬운 것 같아도, 어떤 사람들은 처음 심호흡할 때 들이마시는 호흡이 잘되지 않음을 느낀다. 그럴 때는 들숨과 날숨 모두에 집중하지 말고, 날숨 하나에만 집중하는 것도 심호흡을 쉽게 하는 데 도움이 된다. 우리가 스트레스를 받을 때는 숨을 내뱉는 것이 힘들어지기 때문에 숨을 깊게 내뱉으려는 노력만 해도 호흡은 훨씬 부드러워진다. 숨을 깊게 내뱉고 나면, 노력하지 않아도 숨은 자연히 들이마시게 된다.

- O (observe, 관찰한다)

나는 어떤 상황에 있는가? 내 주변에는 무엇이 있는가? 나의 감정과 생각은 무엇인가? 화창한 일요일 오전, 지금 나는 집에 혼자 있다. 직장에서 가져온 문서 작업을 해야 하지만 그 일을 하고 싶지 않다. 친구한테 전화라도 해서 불평을 하고 싶은데 생각해 보니 전화할 친구도 없다. 답답하다. 사실 나는 친구를 어떻게 사귀는지도 잘 모르는 것 같다. 인터넷에서 친구 사귀는 법을 찾는다. 주변 상황, 생각, 마음, 감정 등 모든 것을 관찰하고 인식한다.

- P (proceed, 계속한다)

이제 STOP을 하기 이전의 상황으로 돌아간다. 지금까지 관찰하고 인식한 것을 바탕으로 나의 마음과 상황을 충분히 인식한 상태에서 그 전에 하던 친구 사귀는 법에 대한 인터넷 검색을 계속해도 좋다. 아니면 집에서 하려고 가져온 문서 작업이 있긴 하지만 하고 싶은 마음이 들지 않으니 선선한 바깥바람을 쐬러 나가도 좋다. 친구와 걸으면 좋겠지만 혼자 걸어도 괜찮다고 생각하며 방을 나와 신선한 공기 속에서 해를 즐길 수도 있다.

둘 중 어떤 행동을 결정하든 내가 충분히 인지한 상태에서 하는 것과 내가 왜 이런 행동을 하는지, 왜 이런 감정인지 알아차리지 못한 상태에서 무의식적으로 하는 것에는 큰 차이가 있다. STOP 기술을 활용하면 감정이나 생각에 걷잡을 수 없이 휘둘릴 때, 직면한 상황을 더욱 명확하게 이해하고 적절한 방법으로 대응할 수 있다. 이런 연습을 주기적으로 해 보자. 마인드풀니스의 근육을 키워 보자.

나, 너, 우리를 사랑하는 러빙 카인드니스

우리가 살면서 경험하는 많은 감정은 단순히 그 순간의 외부 자극에 대한 반응이기도 하지만 트라우마를 겪은 사람에게는 이전의 상처와 얽혀 훨씬 더 깊고 무겁게 작용한다. 과거에 겪은 상실감, 배신감, 수치감, 무력감 등의 기억이 현재의 스트레스와 중첩되면, 사소한 실패나 갈등조차도 자신의 존재 전체를 부정당하는 듯한 감정으로 번진다.

> 시험 성적이 너무 낮다. 나한테 실망이다. 오늘 친구와 오래 이야기했는데, 왜 말을 할수록 오해가 커지는지 모르겠다. 답답해서 화가 나고, 친구를 잃을까 봐 불안하다. 모든 스트레스가 한꺼번에 몰려온다. 집에서도, 학교에서도, 직장에서도, 심지어 사회 전체가 나를 짓누르는 듯하다. 이 암흑 같은 느낌은 절대로 나아지지 않을 것 같고, 이유 모를 무기력함과 우울함이 마음 한가득 퍼진다.

이러한 반응은 당신이 약하거나 잘못되었기 때문이 아니라, 트라우마의 기억이 여전히 몸과 마음 어딘가에 남아 있기 때문에 자연스럽게 일어나는 현상이다. 그래서 우리는 실패나 좌절을 겪을 때마다 자신을 향해 가혹한 말을 반복하게 된다.
'왜 또 이러는 거야.'
'난 정말 구제 불능이야.'
이런 생각은 자기 비난의 굴레로 이어지며, 자존감과 회복력을 갉아먹는다. 이럴 때 필요한 것은 자기비판이 아니라 자기 자비 self-compassion다. 나는 '자기 연민'이라는 번역보다 '자기 자비'라는 말을 사용하고 싶다. 왜냐하면 이는 나를 불쌍하게 여기는 마음이 아니라, 나 자신을 향해 자비로운 시선과 태도를 갖는 것이기 때문이다.

자기 자비는 무조건 좋게 보며 부정적 현실을 회피하거나 부인하는 것이 아니다. 오히려 부정적인 감정을 정면으로 바라보되, 자기 자신을 향한 이해, 수용, 인내의 태도를 함께 가지는 용기 있는 마음이다. 이때 우리는 감정에 휘둘리거나 삼켜지지 않고, 그 감정을 차분히 바라보고 머물며, 결국은 그 너머를 볼 수 있는 공간을 만들어 낸다.

특히 자기 자비는 트라우마 이후 마비된 감정 체계를 회복하는 데 매우 중요한 열쇠다. 트라우마는 자기 자신에 대한 신뢰, 세상에 대한 안정감, 타인에 대한 소속감을 뿌리째 흔들기 때문에 그 이후의 삶에서 자신과의 관계를 다시 회복하는 일은 회복의 핵심 과정이다. 자기 자비는 나를 다독여 나 혼자만 잘 살겠다는 이기적인 생존 기술이 아니다. 오히려 그것은 나와 타인 그리고 인류 전체를 향한 깊은 연민의 감각에서 출발한다.

'모든 인간은 고통을 겪는다. 나 또한 그중 하나일 뿐이다.'

이 보편적인 인식이 자리 잡을 때, 우리는 나 자신도 그 공동체 안에 포함된 존재로 인정하게 된다. 또한 이런 태도는 내면의 고요함뿐 아니라, 타인과의 관계에도 변화의 씨앗을 뿌린다. 내가 나를 이해하고 친절하게 대할 수 있다면, 자연스럽게 그 태도는 주변으로 확장된다. 가족, 친구, 동료, 나아가 내가 속한 공동체에 따뜻한 파동처럼 퍼져 나간다. 즉, 자기 자비는 단지 개인의 감정 회복이 아니라, 사회 전체의 회복과 연결을 위한 기초가 된다.

자기 자비를 실천하는 여러 방법 중 하나로 러빙 카인드니스 loving kindness 명상을 소개하고자 한다. 이 명상은 나를 포함해 모든 존재에게 따뜻한 마음을 보내는 훈련으로, 특히 트라우마로 인해 무너진 연결감과 존엄성을 회복하는 데 깊은 효과를 발휘한다.

자신을 사랑하는 것은 무시되기 쉬운 행위다. 많은 사람이 타인에게 친절하게 대하는 것에는 집중하면서 정작 자신에게 필요한 친절과 관심은 잊어버린다. 그러나 자신을 진정으로 사랑하고 존중하는 것은 내면의 평화와 균형을 찾는 데 꼭 필요하다. 이러한 내면의 평화는 러빙 카인드니스 명상을 통해 실현될 수 있다.

러빙 카인드니스 명상은 우리의 내면에 숨은 애정과 친절을 발견하고 활용하도록 돕는다. 이 명상은 나와 타인에 대한 애정 어린 마음을 형성하고 강화하는 데 초점을 맞춘다. 먼저 조용한 곳에서 앉아 명상을 시작하자. 15~20분의 짧은 시간 동안 깊은 숨을 쉬며 마음의 중심을 찾고, 아래의 긍정적인 문구를 마음속에서 되뇌자.

- 나는 사랑과 친절로 가득하다.
- 나는 안전하다.
- 나는 건강하다.
- 나는 행복하다.

이 문구들을 반복하는 것은 자기 최면처럼 단순히 긍정적인 메시지를 외우는 것이 아니다. 우리 마음에 긍정적인 에너지를 불어넣어 줌으로써 이 에너지가 우리의 일상에 영향을 주며, 우리와 주변 세계와의 관계에도 변화를 가져온다. 물론 처음에는 어색하거나 부자연스러울 수 있지만, 그럴수록 그런 감정까지도 받아들이고 포용한다.

나를 중심으로 하는 이 연습에 익숙해진 후, 이제 다른 사람에게도 긍정적인 에너지를 보내는 연습을 시작하자. 당신이 아끼는 한 사람을 떠올리고 그 사람을 향해 명상을 해 본다. 예를 들어, 내게 아주 소중한 아이가 있다면 그 아이를 떠올리고 명상을 한다.

- 너는 사랑과 친절로 가득하다.
- 너는 안전하다.
- 너는 건강하다.
- 너는 행복하다.

이러한 연습은 우리 주변의 세계와 더욱 긍정적인 관계를 형성하는 데 도움을 준다. 러빙 카인드니스 명상은 개개인이 그의 마음에서 시작하여 세상에 긍정적인 변화를 가져오는 여정이다. 사람에 따라 나에 대한 것보다 타인에 대한 러빙 카인드니스를 보내는 것이 더 쉽다고 하기도 한다. 그럴 경우 아끼는 누군가에 대한 명상을 첫 번째 단계로 하고, 그것에 익숙해졌을 때 나에 대한 명상을 두 번째 단계로 하는 것도 좋다.

　나와 내가 사랑하는 이들을 떠올리며 러빙 카인드니스 명상을 충분히 하고 난 후에는 내가 잘 알지 못하는 타인으로 이 명상을 확장시킨다.

건강한 자기 돌봄

나를 위한 관심, 셀프케어

현대 사회에서 셀프케어 self-care 는 주목받는 주요 키워드로 자리매김했다. '나만의 시간을 가져 보자', '나를 돌보는 날', '셀프케어 데이' 등 셀프케어에 대한 관심이 점점 더 높아지고 있다. 그렇다면 셀프케어는 정확히 무슨 의미일까?

인터넷에서 '셀프케어'를 검색하면 가장 눈에 띄는 것은 다양한 미용 제품, 스파, 얼굴 마사지 등의 정보다. 이런 활동은 자신을 위해 특별한 시간을 내어 즐기고 휴식을 취하는 중요한 방법 중 하나다. 사실 스스로를 돌보기 위해 시간을 내는 것은 자신의 건강과 웰빙을 위한 핵심적인 활동이다. 네일 아트, 쇼핑, 목욕, 마사지 등은 스스로를 사랑하고 존중하는 행위다. 이러한 활동을 통해 우리는 스트레스를 해소하고, 일상의 피로를 회복하며, 새로운 에너지를 얻는다.

그러나 셀프케어의 본질은 단순히 외적인 미용 관리에 그치지 않는다. 만약 내 마음이 고통받는다면, 일주일에 한 번의 네일 아트가 과연 진정한 셀프케어가 될까? 나를 돌본다는 의미의 셀프케어는 몸과 마음 전체를 돌보는 것임을 잊지 말아야 한다. 셀프케어는 내게 어떤 의미이며, 어떻게 실천해야 하는지, 그저 유행을 따라가는 것이 아니라 진정으로 나를 돌보기 위해 고민하는 시간이 필요하다.

셀프케어는 개인의 단기적, 장기적 건강과 복지를 위해 스트레스를 효과적으로 관리하고, 전체적인 웰빙을 유지 및 향상하기 위한 행동과 전략이다. 이러한 셀프케어는 몸뿐만 아니라 감정, 정신, 일상, 인간관계 그리고 영적인 부분까지 전반적으로 아우른다. 그렇다면 이 모든 것을 포함한 셀프케어는 어떻게 실천할 수 있을까?

신체적, 감정적, 정신적, 사회적 웰빙의 균형은 개인의 전반적인 행복과 웰빙에 기여한다. 이를 위해 각 영역에서의 활동을 살펴보면서 자신에게 가장 적합한 루틴을 구축하는 것이 중요하다. 다음 셀프케어 영역을 참고해서 나는 어디에 치우쳐 있는지, 무엇이 부족한지, 어느 부분이 더 필요하다고 생각되는지, 어느 부분이 나를 힘들게 하는지 등을 생각해 보자.

신체적 자기 관리는 건강을 위한 기본이자 핵심이다. 규칙적인 운동, 예를 들어 걷기, 요가, 수영 등은 엔도르핀 분비를 통해 기분을 좋게 하며 스트레스를 줄여 준다. 충분한 수면은 피로 회복과 에너지 충전을 위한 필수 요소다. 건강한 식생활 역시 신체 웰빙을 위한 핵심이다. 균형 잡힌 식사와 적절한 영양 섭취는 건강을 유지하며 일상의 활력을 더해 준다. "요즘 왜 이렇게 몸이 안 좋고 스트레스를 받을까? 요가를 해 볼까?" 이런 말을 자주 듣는다. 기본으로 돌아가서 '나는 충분한 수면을 하는가?'라는 질문 하나만 던져도 수수께끼가 쉽게 풀린다. 충분한 수면은 너무도 당연한 것이어서 이런 것이 셀프케어인가 싶지만, 기본을 무시한 채 하품을 하며 유행하는 요가나 필라테스를 따라 하는 것은 나의 셀프케어에 아무런 도움도 되지 않는다.

감정적 자기 관리는 정서의 안정과 균형을 찾는 데 중점을 둔다. 생각과 감정을 정리하기 위한 다양한 방법을 활용하여 마음의 짐을 덜어 내고, 그 경험을 통해 자신을 더 깊게 이해하게 된다. 창의적인 표현 방법, 예를 들면 미술, 음악, 글쓰기는 감정을 가공하고 정제하는 과정에 도움을 준다. 명상과 같은 활동은 마음의 평온함을 찾아 스트레스를 해소하는 데 큰 도움이 된다.

정신적 자기 관리는 마음의 발전과 성장을 위한 활동을 포함한다. 새로운 취미나 언어, 기술을 배우는 것은 마음을 활성화시키며 새로운 경험과 도전을 제공한다. 예를 들어, 독서는 지식 확장과 더

불어 창의적 사고를 자극한다.

사회적 자기 관리는 사회와의 연결성 강화에 초점을 둔다. 친구, 가족과의 소통과 만남은 사회적 연결을 강화시키며, 지역 커뮤니티나 동호회, 지원 그룹과 같은 사회적 네트워크에 참여하면서 다양한 경험을 공유하는 것이 중요하다. '나는 혼자 있는 게 좋고, 그게 나를 돌보는 최선이야'라고 생각할 수도 있다. 사람에 따라 혼자 있을 때 에너지를 얻기도 하고, 타인과 함께하는 자리에서 에너지를 얻기도 하니, 자신에게 가장 편안한 수준의 사회적 자기 관리가 무엇인지 아는 것이 중요하다. 하지만 사회적 활동을 전혀 하지 않는 것은 셀프케어에 결코 도움이 안 된다는 점을 기억하자.

신체적, 감정적, 정신적, 사회적 자기 관리 활동이 모두 중요하다는 것은 매우 상식적인 이론이다. 다만, '나는 이 이론을 적용하며 사는가?'는 완전히 다른 문제다. 그러니 이 모든 셀프케어를 일상에 통합하도록 의식적인 노력과 계획이 필요하다. 스마트폰이나 컴퓨터 알림 기능, 건강 관련 앱이나 캘린더와 같은 도구를 활용하여 일상 속 셀프케어 활동을 관리하고 추적하면 더욱 효과적이다. 물론 사람에 따라, 상황에 따라 이런 디지털 도구보다는 작은 수첩에 계획을 세우고, 실천하고, 점검하는 것이 더 효과적일 수도 있다.

일상에 셀프케어를 적용함으로써 더욱 예측 가능하고 통제 가능한 삶을 만들 수 있다. 하루, 일주일, 한 달, 1년 등 시간 단위별로 실천할 수 있는 셀프케어 활동을 적절히 조화롭게 배치하면 신체적,

감정적, 정신적, 사회적 자기 관리의 균형을 더욱 잘 유지할 수 있다. 다음의 셀프케어 루틴을 예로 삼아 나만의 셀프케어 루틴을 만들어 보자.

매일 하는 셀프케어

- 신체적 관리: 아침에 간단한 스트레칭을 하고, 하루 2리터 이상 물을 마신다. 가능한 한 정제된 당류나 자극적인 음식을 줄이고, 균형 잡힌 식사를 한다. 무리하지 않는 선에서 의식적으로 걷거나 몸을 움직이는 시간을 보낸다.
- 감정적 관리: 아침이나 저녁에 짧게 감정 일기를 쓰며 하루를 시작하고 정리한다. 하루 세 번 깊은 호흡을 하며 내 감정에 집중한다. 오늘 나를 기분 좋게 했던 일 중에서 한 가지를 기록하는 것도 도움이 된다.
- 정신적 관리: 책이나 기사 등을 10분 이상 읽으며 생각을 환기시킨다. 관심 있는 주제에 대해 알아보거나, 새롭게 알게 된 정보를 짧게 정리해 보는 것도 좋다.
- 사회적 관리: 가족이나 지인에게 인사를 전하거나 간단한 문자 메시지를 보낸다. 가까운 사람 한 명과 진심 어린 한두 문장을 나누는 것만으로도 연결을 회복할 수 있다.

매주 하는 셀프케어

- 신체적 관리: 요가, 수영, 산책 등 몸을 움직이는 활동을 주 2~3회 실천한다. 반신욕이나 족욕 등으로 몸의 긴장을 풀어 주는 시간을 갖는다.
- 감정적 관리: 자연 속을 걷거나 조용한 공간에서 혼자만의 시간을 보낸다. 한 주 동안 가장 기억에 남았던 감정을 정리해 보는 것도 감정 관리에 도움이 된다.
- 정신적 관리: 관심 있는 분야의 정보를 더 깊이 탐색하거나 글쓰기와 같은 창의적 활동에 참여해 본다. 평소 내가 알고 싶었던 주제를 정해 보는 것도 좋다.
- 사회적 관리: 지인과 함께 식사하거나 전화 통화를 통해 안부를 나눈다. 지역 커뮤니티나 소규모 모임에 가볍게 참여해 보는 것도 사회적 관계에 긍정적인 영향을 준다.

매월 하는 셀프케어

- 신체적 관리: 병원 예약을 통해 정기적인 건강 점검을 하고, 새로운 운동을 시도해 본다. 체력이나 건강 상태를 스스로 점검하고 조절하는 습관을 만든다.
- 감정적 관리: 한 달간의 감정 변화나 힘들었던 순간을 정리하

며, 자신에게 편지를 써 본다. 자신에게 위로와 응원의 말을 전하는 연습은 정서적 복원력에 도움이 된다.
- 정신적 관리: 새로운 책을 읽거나 독서 목표를 설정해 본다. 월간 목표를 세우고 그 달의 가장 의미 있었던 배움을 정리해 본다.
- 사회적 관리: 오랫동안 연락하지 못했던 친구에게 안부를 묻거나 의미 있는 사회적 활동, 예를 들어 봉사, 나눔, 만남을 계획해 본다.

매년 하는 셀프케어

- 신체적 관리: 연간 건강검진을 받고, 한 해 동안의 운동 습관을 돌아보며 새 계획을 세운다. 필요하다면 삶의 전반적인 생활 패턴을 조정하는 시기로 삼는다.
- 감정적 관리: 한 해 동안의 감정 흐름을 되짚고 정리한다. 자신에게 의미 있었던 감정 경험을 중심으로, 자아 회복과 연결된 '감정의 연대기'를 만들어 보는 것도 좋다.
- 정신적 관리: 한 해의 독서 리스트나 배운 것을 정리하고, 다음 해의 배움과 성장을 위한 방향을 잡는다. 자신의 내면이 어떻게 성장했는지를 되돌아볼 수 있는 시간을 갖는다.
- 사회적 관리: 가족 여행이나 특별한 만남을 계획하고, 함께한 사람들에게 고마움을 표현하는 시간을 갖는다. 새로운 사람과

의 연결을 시도하거나 소외된 사람을 돌아보는 것도 의미 있는 실천이 될 수 있다.

자신만의 셀프케어 루틴을 찾는 여정을 시작해 보자. 매일의 작은 변화와 노력이 모여 결국 자신의 성장을 이끌어 낼 것이다. 이때, 목표를 설정하는 것은 매우 중요한데 그 이유는 다음과 같다.

첫째, 명확한 목표는 개인의 집중력을 강화한다. 특정한 목표를 향해 나아갈 때, 개인은 그 목표에 맞춰 자신의 에너지와 주의를 핵심적인 부분에 집중하게 된다. 이러한 집중력은 효율성을 높이고 성공 가능성을 높인다. 둘째, 정해진 목표는 동기의 원천이다. 목표는 동기를 부여하는 요소로 작용하여, 특히 루틴을 지속하는 것이 어려운 시기가 왔을 때 방향성을 제공하고 흔들림 없이 나아가게 도와준다. 셋째, 목표를 향해 나아가는 과정은 자아실현의 과정이기도 하다. 목표를 세우고 그것을 추구함으로써 잠재력과 능력을 발견하게 되며, 이를 통해 자신의 가능성을 최대한으로 활용할 수 있다. 마지막으로, 목표 달성은 개인에게 큰 성취감을 가져다준다. 이 성취감은 개인의 자기 효능감을 증대시켜, 앞으로의 도전에 대한 자신감과 믿음을 강화시킨다.

목표는 'SMART'하게 세우자. 구체적이고 ^{specific}, 측정 가능하고 ^{measurable}, 달성 가능하고 ^{achievable}, 나의 생활과 목표에 관련 있고 ^{relevant}, 언제부터 언제까지 할지 $^{time\text{-}bound}$ 목표를 설정한다. 큰

표 4 셀프케어 루틴

셀프케어 영역	매일	매주	매월	매년	점검
신체적					
감정적					
정신적					
사회적					

목표를 나누어 각 단계마다 실현 가능한 작은 목표를 설정하면, 성취감도 누릴 수 있고 지속적인 동기도 유지할 수 있다. 목표 설정 과정에서 스스로를 돌아보고, 진정으로 원하는 것이 무엇인지, 왜 이 목표를 설정하는지에 대한 깊은 고민이 필요하다.

또, 목표 달성을 위한 계획은 유연해야 한다. 정기적인 점검을 통해 계획을 재평가하고 필요에 따라 조정한다. 목표 설정 이후에는 용기를 가지고 첫걸음을 내딛는 것이 중요하다. 실패에 대한 두려움보다 성취에 대한 열망에 집중하여 마음을 다잡는다. 루틴의 목표를 정하고, 첫발을 내딛고, 지속적으로 스스로를 다잡는다면 어느덧 이 셀프케어 루틴은 습관이 될 것이다.

나에게서 떨어져 보는 연습, 디포커싱

나와 좋은 관계를 만들려면, 셀프케어를 통해 진정으로 나를 돌보고 아끼는 것뿐 아니라, 가끔은 나로부터 거리를 두는 것도 필요하다. 자신에게 끊임없이 몰입할 때 우리는 자칫 나의 사고와 감정, 문제 안에 갇히기 쉽다. 이럴 때 '디포커싱^{defocusing}'은 나를 위한 또 다른 돌봄의 방법이 될 수 있다.

디포커싱은 말 그대로 내 중심에서 잠시 벗어나 시야를 외부로 돌리는 것이다. 내면의 감정과 생각, 고민에만 집중된 초점을 조금 옮겨 보는 연습이다. 이를 통해 우리는 나를 객관화하고, 문제의 한복판에서 잠시 빠져나와 더 넓은 시선으로 나 자신과 세상을 바라볼 수 있게 된다. 그 결과 타인의 감정과 시선, 공동체의 흐름을 인식하며, 단단한 자기중심에서 벗어나 유연한 사고와 감정 조절이 가능해진다.

트라우마를 회복하고자 할 때, 우리는 흔히 '나를 아껴야 한다', '나를 보호해야 한다'는 메시지를 반복적으로 듣는다. 이는 물론 중요한 출발점이다. 그러나 어느 순간부터 '나'라는 초점이 너무 고정되고, 강박적으로 흐르기 시작하면 오히려 자기 연민을 넘은 자기 몰입 그리고 과잉 반응으로 이어질 수 있다. 자기중심적 사고가 지나치게 강조되면, 역설적으로 불안, 고립, 무기력을 증폭시킨다. 나에 대한 과도한 몰입은 문제 해결보다는 반복적인 자기 의심과 자책으로 이어질 수 있기 때문이다. 이러한 심리적 순환을 끊기 위해 우리는 때때로 의도적으로 외부를 향해 시선을 돌려야 한다.

디포커싱은 단순한 감정 조절 기술이 아니다. 그것은 '나'와 '타자'의 경계를 유연하게 만들고, 세상과의 연결성을 회복하게 해 주는 삶의 태도다. 타인의 감정과 목소리에 귀를 기울이고, 내가 아닌 다른 존재의 필요를 중심에 놓을 때, 우리 안에서 자비와 공감이라는 심리적 자원이 자라난다. 이 자비는 자기비판을 줄이고, 보다 따뜻한 시선으로 나와 세상을 바라보게 도와준다.

'나만을 위한 셀프케어'에서 '우리 모두를 위한 셀프케어'로의 전환은 자율성과 유대감의 균형을 찾는 작업이다. 자원봉사, 지역사회 활동, 공동체 내의 실질적 기여는 이 전환을 돕는 중요한 실천 방식이다. 내 안에서 머물던 에너지가 세상 속으로 흘러나갈 때, 타인과 나 모두를 살리는 흐름이 생긴다.

유진은 직장에서 프로젝트 실패 이후, 계속해서 자신을 탓했다. '내가 부족해서 그랬어. 나는 왜 늘 이런 식이지? 다들 나를 무능하다고 생각할 거야'라는 생각이 하루 종일 머릿속을 떠나지 않았다. 점심시간에도, 회의 중에도, 잠들기 직전까지도 이 생각은 계속되었다. 자신에 대한 비난과 후회, 두려움이 끊임없이 마음을 점령했다.

그런 유진에게 동료가 "이번 주말에 자원봉사 함께 갈래?"

라고 제안했다. 처음엔 내키지 않았지만, 계속 혼자 집에 머물면 더 우울할 것 같아 따라나섰다. 보호소에서 강아지들과 시간을 보내고, 함께 봉사하는 다른 사람들과 웃고 이야기하다 보니, 유진은 잠시 자신의 문제에서 벗어나 있었다.

그날 밤, 유진은 깨달았다. 하루 종일 자신에 대해 아무런 부정적인 생각을 하지 않았다는 사실을. 강아지를 돌보는 동안에, 다른 사람을 배려하고 웃는 사이에, 자신을 조용히 뒤로 물리고 타인을 향해 마음을 내준 그 경험이 놀라운 회복의 시작이 되었다.

디포커싱이란 바로 이런 순간이다. 나의 괴로움에서 한 걸음 떨어져 세상을 바라보는 순간에 찾아오는 마음의 여유. 때로는 나에게 한없이 집중하기도 하고, 때로는 나에게서 한없이 멀어질 수도 있는, 이 두 가지 사이의 균형과 조화를 찾는 것이 건강한 자기 돌봄의 핵심이다. '나를 돌보는 시간'과 '나를 잊고 세상을 바라보는 시간'은 상충하는 것이 아니라 보완하는 것이며, 삶의 균형을 이루는 두 개의 날개가 된다. 그 균형점에서 우리는 더 깊은 회복력과 연결을 발견하게 된다.

디포커싱은 나를 잊는 기술이 아니라, 나를 더 잘 알기 위한 거리 두기다. 그 거리를 통해 나와 세상을 함께 바라볼 수 있을 때, 우리는 조금 더 단단하고 여유로운 모습으로 일상과 관계 속으로 돌아간다. 그리고 그 여유는 나 자신을 더 따뜻하게 안을 수 있는 힘이 된다.

나와 타인의 경계 설정

경계의 침범 알아차리기

한국의 문화에는 아름다운 공유 정신이 깊숙이 뿌리박혀 있다. 한 그릇의 찌개를 가족이나 친구와 나눠 먹는 모습에서도 이를 확인할 수 있다. 물론 코로나 팬데믹 이후 이런 모습은 줄었지만, 여전히 공유 문화는 강하게 남아 있다. 식당에서는 여러 요리를 골라 모두와 함께 나눠 먹는 일이 흔하며, 친구의 생일이나 특별한 날에는 여러 사람이 돈을 합쳐 큰 선물을 준비하기도 한다. 이런 '내 것이 네 것이고, 네 것이 내 것이다'라는 공유 문화를 서양에서는 특이하면서도 매력적인 모습이라고 생각하기도 한다.

모든 것에 장단점이 있듯이 아름다운 우리의 공유 문화는 때때로 개인의 경계를 무시하는 원인이 되기도 한다. 한국의 전통적인 사회 구조에서는 공동체의 가치나 필요를 개인의 것보다 우선시하는 경우가 많다. 이는 갈등이 생겼을 때 '좋은 게 좋은 거다', '회사나 팀을 위해서 내가 참자', '가정의 평화를 위해서 내 고통쯤이야'라는 말에서도 드러난다. 이런 가치관은 때로는 개인의 선택이나 필요를 억압하는 결과를 가져온다.

사람 간의 경계는 개인의 생각이나 감정, 욕구를 보호하는 중요한 도구다. 매 순간은 아닐지라도 명확한 경계가 꼭 필요한 때가 있다. '사람 간의 경계'라는 개념에 익숙하지도 않고, 경계를 세우는 법도 모른다면 연습이 필요하다. 연습한 후에 우리는 경계를 세워야 할 때를 인지할 수 있고, 때에 맞춰 실제로 행동에 옮길 수 있다.

민지와 선희는 각자 깊은 트라우마 상처를 지닌 친구들이다. 함께 아픔을 나누며 위로하고 기대면서, 둘은 누구보다 끈끈한 우정을 쌓았다. 그러던 중 민지가 회사 일로 이사를 하게 되었고, 공교롭게도 이사 간 곳은 선희가 사는 동네였다. 선희는 무척 반가워했고, 낯선 환경에 지친 민지를 도우려 반찬을 만들어 주고, 식당과 마트 세일 정보를 알려 주는 등 자주 연락했다.

금요일 저녁, 선희는 민지가 혼자일 것 같아 영화를 미리 다운로드했고, 저녁 7시에 함께 보기로 계획했다. 치킨도 시킬까

했지만, 양념과 프라이드 중 뭘 좋아하는지 몰라 여러 번 연락했으나 연결이 안 돼 문자를 남겼다.

한편 민지도 선희와 가까운 곳에 살게 되어 기대가 컸지만, 동시에 회사에서 큰 프로젝트를 맡으며 이삿짐 정리도 못 한 채 업무에 시달렸다. 가능한 한 빨리 짐을 정리하고 최근 소개팅에서 만난 사람과의 관계에도 집중하고 싶었다.

민지도 물론 선희가 고마웠다. 하지만 선희는 자신이 계란을 못 먹는다는 걸 잊은 듯했고, 선희의 일방적인 잦은 연락도 부담스러웠다. 하루에도 몇 번씩 오는 전화는 대부분 마트 세일이나 식당 이야기였고, 전화를 받지 않자 음성 메시지와 문자가 쏟아졌다. 오늘도 미팅 후 핸드폰을 확인하니 열 통이 넘는 메시지가 와 있었다. 평일 저녁이나 주말엔 소개팅 상대와 연락해 볼까도 생각했지만, 선희는 이미 영화도 준비하고 치킨도 주문하려 한다며 계속 연락을 했다. 민지는 그 정성을 외면하기가 미안해서 데이트 계획을 포기했다. 그렇게 민지의 퇴근길은 피곤하고 답답한 마음으로 가득했다.

이 상황에서 민지는 어떤 경계를 지키고 싶어 했을까? 민지는 자신의 시간과 감정을 조절할 수 있는 경계를 지키고 싶어 했다. 이사와 함께 시작된 바쁜 업무와 새로운 관계에 집중하고자 하는 시기였기 때문에, 일상의 리듬을 스스로 통제하고자 하는 욕구가 컸다. 특히 퇴근 후나 주말 시간은 자신만의 회복과 정리를 위한 공간으로 남겨 두고 싶어 했다.

선희의 선의에 왜 민지는 피로와 짜증을 느꼈을까? 선희의 행동은 민지의 필요보다는 자신의 정성과 계획에 초점이 맞춰져 있다. 민지가 감정적으로나 시간적으로 여유가 없는 상태였음에도, 선희는 연락을 반복하고 개인적인 계획을 민지에게 일방적으로 전달했다. 선의였지만 민지의 상황을 충분히 고려하지 못했기 때문에 결과적으로 피로와 짜증만 일으켰다.

선희는 어떤 경계를 인식하지 못했을까? 선희는 민지의 정서적 경계, 시간적 경계 그리고 자율성에 대한 경계를 충분히 인식하지 못했다. 민지가 응답하지 않거나 거리감을 두려는 신호를 보냈음에도, 선희는 자신의 친밀감 표현이 민지에게는 부담이 될 수 있다는 점을 인지하지 못했다.

내가 민지였다면 어느 시점에서 경계에 대해 표현했을까? 하루에도 여러 번 연락 오기 시작했을 때, 혹은 선희가 별다른 확인 없이 계획을 세우고 행동하기 시작했을 때가 적절한 시점이었을 수 있다. 민지의 상황과 컨디션을 먼저 설명한 뒤, 일정이나 감정적인 여유에 대해 솔직히 전달했다면, 선희가 민지의 경계를 더 쉽게 인식할 수 있었을 것이다.

나도 선의를 핑계로 누군가의 자율성을 침범한 적이 있을까? 선희의 입장이 되어 생각해 보자. 도움이 되고자 하는 마음에서 시작된 행동일지라도, 상대의 필요를 묻지 않고 행동했다면 경계를 침범했을 수도 있다. 내 호의가 일방적인 방식으로 전달되거나 '이 정도는 괜찮겠지'라는 생각으로 행동한 적이 있다면, 그 역시 상대의 자율성을 침해했을 가능성이 있다. 선의는 경계를 존중할 때 진심으로 받아들여진다.

어떤 사람과의 관계에서 때로는 확실하게, 때로는 뭔가 찜찜하지만 콕 집어 표현할 수 없는 불편한 감정을 느낄 때, 그 원인을 분석해 보면 대부분 개인의 경계가 침범된 경우가 많다. 이때는 경계가 어디에서 침범되었는지, 그로 인해 무엇을 느꼈는지를 정확히 파악하고, 적절한 해결 방법을 찾는 것이 중요하다.

경계가 반복적으로 침해될 때 많은 사람이 보이는 일정한 반응 패턴이 있다. 처음에는 '괜찮아'라며 자신을 달래거나 상황을 넘긴다. 상대의 행동에 불편하다는 감정이 들지만, 그것을 솔직하게 표현하기보다는 침묵으로 대응한다. 이 침묵은 겉보기에는 평화를 주는 것처럼 보이지만, 실제로는 감정이 쌓이는 시간일 뿐이다. 감정이 차곡차곡 쌓이다 보면 결국 어느 순간 분노나 실망이 폭발하고, 갑작스러운 관계 단절로 이어진다. 당사자는 이런 결정을 스스로의 자율성과 결단으로 받아들이며 '잘 끊었다'고 느끼지만, 그 안에는 제때 자신의 경계를 건강하게 표현하지 못한 좌절감과 무력감이 깔려 있는 경우가 많다. 예를 들어, 어떤 사람은 자신의 친구 관계를 이렇게 말한다.

"난 친구를 오래 잘 사귀다가도 정말 아니다 싶으면 그냥 확 끊어 버려."

겉보기엔 분명한 자기주장처럼 들리지만, 이 말에는 다음과 같은 심리적 역동이 숨어 있다. 첫째, 초기 경계 설정이 부재했다. 작은 서운함이나 불편함을 제대로 말하지 못하고 '괜찮아'라고 넘긴다. 둘째, 감정을 표현하지 못한 채 계속 회피하며, 마음속에서는 어느 순간부터 관계의 끝을 혼자 조용히 준비한다. 셋째, 감정이 임계점에 다다르면 상대에게 이유도 말하지 않고 일방적으로 단절을 선언한다. 넷째, 단절 이후에는 '그 사람 인성이 문제였다'고 말하며 자신의 결정을 정당화하고 통제감을 회복하려 한다.

이러한 반응 방식은 관계에 깊은 상처와 불신을 남긴다. 스스로는 '끊기를 잘했다'고 여기지만, 실제로는 말하지 못한 감정과 경계로 인해 비슷한 패턴이 반복되기 쉽다. 한편, 단절을 당한 상대는 이유도 알지 못한 채 혼란을 느끼며 해결되지 않은 감정 상태로 남는다.

건강한 경계란 일방적으로 관계를 끊는 방식이 아니라, 불편함이 생겼을 때 그 감정을 알아차리고, 가능한 시점에서 솔직하게 감정을 표현하며, 관계 안에서 경계를 조율하는 과정 속에서 만들어진다. 우리는 상대에게 '선을 그었다'는 선언보다는 '어디까지가 괜찮고, 어디부터가 불편한지'를 공유할 수 있는 용기를 길러야 한다. 그래야만 진짜 끊지 않고도 건강한 거리를 유지하는 관계가 가능해진다.

경계를 표현하는 연습

트라우마를 경험한 사람에게 경계를 표현한다는 일은 단순한 의사 표현 이상의 의미를 가진다. 그것은 자기 보호의 방식이자 회복의 핵심적인 과정이기도 하다.

트라우마는 종종 관계 안에서의 경계가 무시되었거나 침범당했던 경험에서 비롯된다. 예기치 않은 폭력, 조종, 강요, 또는 감정적 압박은 우리의 경계 감각을 무디게 만들고, '아니라고 말해도 소용없다'는 체념을 학습하게 만든다. 그 결과, 트라우마 이후의 삶에서는 자신의 한계를 말하는 것이 두렵고, 관계 속에서 마땅히 누려야 할 안정감 대신 불안과 경계를 경험하게 된다. 이런 사람들에게 '경계를 표현한다'는 행위는 곧 자존의 선언이다.

'나는 여기까지 괜찮고, 여기부터는 힘들어.'

'지금 이 말을 해야만 내 마음이 무너지지 않을 수 있어.'

이런 문장은 단순히 어떤 행동을 거절하거나 요구하는 말이 아니라, 상처받은 나를 보호하려는 회복의 언어다.

트라우마 이후, 우리는 종종 '친밀함'과 '경계 없음'을 혼동한다. 마치 가까운 관계일수록 모든 것을 받아 줘야 한다는 착각 속에 머물게 된다. 그러나 진짜 친밀감은 서로의 경계를 존중하고 이해할 수 있을 때 비로소 형성된다. 트라우마를 겪은 사람이 누군가와 안정적인 관계를 맺기 위해서는 다음의 연습이 필요하다.

자신의 감정 인식하기

경계를 설정하는 첫걸음은 내가 느끼는 감정을 솔직하게 알아차리는 것이다. 어떤 상황에서 불편함, 피로함, 초조함을 느끼는지 정직하게 살펴보자. 때로는 '그냥 좀 기분이 찝찝하다'는 막연한 느낌도 내 안의 작은 경고일 수 있다. 그 느낌을 무시하지 않고 있는 그대로 바라보는 연습이 필요하다.

명확하게 의사 표현하기

관계에서 발생하는 갈등 중 상당수는 말하지 않음에서 비롯된다. '오늘은 조금 바빠서 연락을 못 받아', '이번 주말엔 혼자 시간을 보내고 싶어'와 같이 명확하고 부드럽게 나의 상황과 감정을 전하자. 애매한 표현보다는 솔직한 한 문장이 관계를 훨씬 더 편안하게 만들기도 한다.

적절한 거리의 경계 설정하기

관계에는 거리가 필요하다. 그 거리는 사람마다, 관계마다 다르다. 너무 멀면 외로워지고, 너무 가까우면 숨이 막힌다. '이 정도면 내가 편안하다'는 감각을 스스로 찾는 일이 중요하다. 예를 들어, 평일 저녁에는 혼자 있는 시간을 갖거나, 중요한 일정을 공유하기 전에 미리 묻는 관계가 나에게 안정감을 준다면, 그런 기준을 나만의 경계로 삼으면 된다.

관계의 유연함 유지하기

경계는 한번 정하면 영원히 고정되는 것이 아니다. 상황이 바뀌면 관계도 달라진다. 변화에 맞춰 내 마음의 선을 조금씩 조정할 수 있어야 건강한 관계가 지속된다. 너무 엄격하게 선을 긋기보다는 나의 감정과 상대방의 입장을 함께 고려할 수 있는 여지를 남겨 두자.

나를 우선시하는 마음 가지기

내 감정과 삶이 항상 뒤로 밀려 있다면 아무리 좋은 관계도 나를 지치게 한다. 경계를 세운다는 것은 이기적인 행동이 아니라, 오히려 관계를 더 지속 가능하게 만드는 배려다. 나를 우선시함으로써 나는 나를 존중하게 되고, 그 존중은 타인에게도 자연스럽게 흘러간다.

상대의 입장도 함께 이해하기

경계를 표현할 때 가장 중요한 태도는 단절이 아니라 '연결을 향한 마음'이다. 상대의 의도에 상처받기 전에, 먼저 그 마음을 헤아리는 여유를 가져 보자. '네가 나를 위한 마음으로 준비한 거라 너무 고마운데, 지금은 좀 힘들어'라는 말은 단절이 아닌 배려의 언어다.

경계는 계속 조율되는 것임을 기억하기

관계가 깊어질수록 처음엔 필요 없던 선이 새롭게 생기기도 하고, 예전엔 필요했던 선이 사라지기도 한다. 부모와 자식, 친구, 연인, 동료 등 모든 관계에서 경계는 시간과 경험에 따라 조절되는 유기적인 구조다. 나의 변화와 상대의 변화 모두를 함께 살피며 조정하는 것이 필요하다.

지금까지 살펴본 원칙들이 실제 상황에서는 어떻게 활용될 수 있을까? 앞에서 예를 든 민지의 경우 다음과 같은 대화를 할 수 있다.

> 선희야, 네가 요즘 나를 많이 챙겨 준다는 걸 알아. 이사 오자마자 반찬도 해 주고, 식당 정보며 마트 할인 소식까지 꼼꼼히 알려 주는 그 마음, 정말 고맙게 생각해. 네가 나를 생각해 주고, 낯선 환경에서 잘 적응하도록 돕고 싶어 하는 게 느껴져서 참 따뜻했어.
> 그런데 내가 요즘 회사 일로 정신이 없고, 집 정리도 아직 다 못 해서 하루하루가 좀 버거워. 이런 상황에서는 일에 집중할 시간이 필요하고, 조용히 혼자 정리할 여유도 필요한 것 같아. 그래서 선희 네가 자주 연락을 주는 게 고맙기도 하지만 조금 부담이 되기도 해. 지금이 나에게는 아무 일도 아닌 일상조차 꽤 큰 소음처럼 느껴지는 시기인 것 같아.
> 혹시 괜찮다면, 아주 급한 일이 아니라면 하루에 한두 번 정도만 연락을 주면 좋겠어. 그리고 우리가 같이 뭔가를 하기로 할 땐, 미리 내 스케줄이나 컨디션도 함께 이야기하면서 계획할 수

있으면 좋겠어. 선희 너랑은 오래 좋은 친구로 지내고 싶기 때문에 이런 이야기를 조심스럽지만 꼭 전하고 싶었어. 네가 내게 얼마나 소중한 사람인지 아니까, 우리 사이가 더 편안하고 건강하게 이어졌으면 해. 이해해 줘서 고마워.

자기표현을 많이 해 봤다면 이런 말을 술술 하는 것이 쉬울 수도 있지만, 경계 설정을 안 해 봤다면 이렇게 많은 내용을 설명하는 것이 매우 부담스러울 것이다. 또, 한 문장 말했을 뿐인데 상대방이 바로 항변하면서 내가 하려 했던 말이 끊기거나 의도대로 전달되지 않을 수도 있다. 그럴 때는 "미안한데, 내 말을 조금만 끝까지 들어 줘"라고 말하고 계속 끝까지 표현한다. 혹은 정 안 되겠으면 문자나 편지 등을 통해 차분하게 의사를 전달하는 것도 매우 좋은 방법이 될 수 있다.

경계를 설정하고 이를 표현할 때는 분명하게 해야 하고, 그 경계가 침해되면 어떤 결과가 올지 미리 알려 줘야 한다. 또, 경계 설정에서 무엇보다 가장 중요한 것은 '말'이 아니라 '행동'이다. 그러므로 경계가 무시되고 계속 침해될 경우 미리 말한 결과대로 행동에 옮기는 것이 중요하다. 많은 경우 애써 경계를 표현하긴 했으나 실제로 지켜지지 않으면 포기해 버린다. 이것이 가장 위험한 경우인데, 그러면 상대방은 내가 하는 말을 심각하게 받아들이지 않게 된다. 따라서 작은 것이라도 '이렇게 하겠다'고 말했으면 실제로 그렇게 행동에 옮겨야 한다.

물론, 선희와의 상황에서는 여러 가지 변수가 있다. 이미 트라우마 상처가 있는 선희는 대화를 시작하는 첫 순간부터 마음에 상처를 받을 수 있고, 이로 인해 심각한 갈등이 발생할 수도 있다. 만약 이러한 갈등이 지속된다면 일정 시간 동안 서로 거리를 둬야 한다. 이 시간을 통해 둘은 상황을 재평가하고, 필요한 경계를 재설정하며, 서로의 감정을 이해하는 시간을 갖게 된다.

인간관계는 때로 우리에게 큰 힘을 주지만, 그 관계가 항상 긍정적이지는 않다. 특히 트라우마를 경험한 사람들은 다른 사람과의 상호작용 중에 깊은 상처를 받을 수 있다. 그들은 과거의 트라우마로 인해 일상 대화나 상황에서도 예기치 않은 스트레스나 불안감을 느낄 수 있으므로 건강한 인간관계를 유지하기 위해 효과적인 소통과 경계 설정 방법을 알아야 한다.

트라우마를 치유하는 과정에서 스트레스를 줄이는 것은 매우 중요하다. 트라우마를 겪은 사람들은 그 경험으로 인해 추가적인 스트레스를 받을 수 있다. 그래서 다른 사람과의 관계에서 오는 스트레스를 관리하고, 트라우마 재발을 예방하기 위해 경계를 설정하는 것이 중요하다. 이러한 경계는 그들에게 안정감을 제공하며, 트라우마 치유 과정을 돕는다.

경계와 친밀함의 댄스

타인과의 관계에서 경계가 침범되었음을 인식하고, 이를 표현하며 조율하는 능력을 갖추게 되었다면, 이제는 친밀함을 키우는 연습이 필요하다. 우리가 누군가를 만날 때 '내게 피해가 오는 건 아닐까?', '지금 이 관계에서 경계가 무너지는 건 아닐까?'라는 질문에만 신경을 곤두세운다면 따뜻하고 인간적인 연결을 만들기 어렵다.

경계를 세우는 것은 반드시 필요한 일이지만, 그것이 충분히 자리 잡은 후에는 경계와 친밀함 사이의 댄스를 배우는 일이 중요하다. 관계는 나와 타인의 차이를 인정하면서도, 때로는 한없이 베풀고 또 한없이 받아도 괜찮은 유연함을 허락하는 공간이기 때문이다. 경계는 타인을 밀어내기 위한 것이 아니다. 오히려 진정한 친밀함을 가능하게 만드는 '관계의 기반'이다.

트라우마를 경험한 사람들은 종종 자신을 보호하기 위해 단절을 선택하거나, 반대로 타인의 기대에 일방적으로 부응하며 감정을 억누른다. 그러나 이 두 가지 방식은 모두 관계의 균형을 깨뜨리고, 결국에는 자신을 더 깊이 고립시킨다. 우리가 바라는 관계는 일방적으로 주고받는 관계가 아니라, 서로를 존중하고 이해하며 함께 나아가는 관계다. 그러기 위해서는 경계를 너무 두껍게 세우지도, 너무 쉽게 무너지게 두지도 않는 연습이 필요하다. 이것은 마치 서로의 속도와 거리를 조율하며 '관계의 춤'을 함께 배우는 과정과도 같다.

경계를 세운다는 것은 혼자가 되겠다는 뜻이 아니다. 더 건강한 방식으로 함께 있고 싶다는 의지의 표현이다. 트라우마를 겪은 이들에게는 고립되지 않으면서도 안정감을 유지할 수 있는 관계 기술이 특히 중요하다. 그 기술은 바로 경계와 친밀함의 리듬을 알아차리고 조절하는 것이다.

우리는 함께 웃고, 함께 울 수 있어야 한다. 때로는 서로에게 아낌없이 줄 수도 있어야 하고, 또 때로는 그저 고요한 시간 속에서 각자의 공간을 존중할 수도 있어야 한다. 경계를 세우는 일이 익숙해졌다면, 이제는 또다시 상처받을까 봐 머뭇거리며 다가가기를 주저하지 말자. 마음속에서 '조심해'라는 소리가 들리더라도, 그 조심스러움 속에서 나와 너 사이의 섬세한 리듬을 발견해 보자. 그 리듬에 맞춰 조심스레 한 걸음 다가가고, 한 걸음 물러서며, 경계와 친밀함이 서로를 맴도는 춤을 시작해 보자. 그렇게 춤을 추며 우리는 함께 성장하고, 서로의 울타리가 되어 줄 수 있을 것이다

우리는 타인을 선과 악으로 쉽게 분류한다. 누군가를 새롭게 만나 첫인상이 좋거나 몇 번 내게 잘해 주면, 그 사람은 곧 '선'으로 느껴져 내 편처럼 여겨지고 내 모든 비밀을 다 받아 줄 것 같은 느낌이 든다. 그러다가 단 한 번의 어긋남이 생기면 그 사람에게서 받은 상처가 단순한 실망을 넘어 인류 전체에게 배신당한 것 같은 느낌으로 번진다. 그러면서 그 사람을 단번에 '악'으로 규정해 버리고는 한다. 그가 하는 모든 행동이 악한 동기에서 비롯된 듯하고 나를

해치려는 증거로만 보이기 시작한다. 이제 그런 구분에서 벗어나자. 사람은 선과 악으로만 나눌 수 없으며 누구나 불완전하다. 경계의 침범은 타인도, 나도 쉽게 저지를 수 있다. 그렇기에 섣불리 관계를 단절하는 대신 이야기를 나누고 경계를 세우며, 이 관계가 유지 가능한지 아닌지를 판단해 봐야 한다.

'너는 너, 나는 나'라고 말할 수 있으면서도 동시에 '우리는 우리'라고 말할 수 있는 관계. 그런 관계는 쉽게 만들어지지 않지만, 연습을 통해 배울 수 있고, 정성을 들이면 천천히 만들 수 있다. 경계와 친밀함 사이에서 조심스럽게 한 걸음씩 내딛는 당신의 발걸음. 그것이 바로 지금, 그 아름다운 춤의 시작이다.

5장

트라우마
너머

트라우마 이후 다시 쓰는 삶

마음속 이야기를 꺼내는 저널링

지금도 초등학교에서 아이들에게 일기를 쓰게 하는지 모르겠다. 그림일기부터 시작해서 많은 일기를 썼지만, 때로는 글자를 배우기 위해 일기를 써야 했고, 때로는 매일 계획을 세우고 실천하는 법을 배우기 위해 일기를 써야 했다. 중고등학교 때는 어쩌면 엄청난 입시 스트레스 속에서 내가 통제할 수 있는 길을 만들기 위해 예쁜 수첩과 다이어리를 사서 꾸미고 적고 공유했는지도 모른다. 외국에 나와서 살다 보니 이런 저널링journaling이 한국인에게 더 익숙하고 자연스럽게 사용되어 왔다는 걸 알게 되었다. 나이가 들면서 일기 쓰기를 멈췄다면, 예전과 비슷하면서도 다른 '저널'을 써 보면 좋겠다.

저널링에는 단순히 마음속 생각을 표현한다는 것 이상의 의미가 있다. 저널링이라는 과정을 통해 우리는 자신을 성찰하고, 그 과정을 통해 감정의 충격을 완화하는 경험을 한다. 트라우마 같은 힘든 경험을 하면서 우리는 감정의 파도에 휩싸이고 집어삼켜져 말로는 표현하기 어려운 혼란을 겪는다. 모든 것이 혼란으로 범벅되었을 때, 저널링은 생각과 감정의 조화로운 통합을 돕는다. 저널에 담긴 생각과 마음은 자연스럽게 치유의 시작으로 이어진다.

저널이라고 해도 좋고, 치유 일기라고 해도 좋겠다. 글로 표현하는 방식은, 특히 소리 내어 말로 표현하기 힘들거나 사회적 지지가 부족한 순간에 큰 힘이 된다. 1997년, 제임스 W. 페네베이커James W.Pennebaker의 연구에 따르면, 인생에서 겪은 트라우마 순간을 깊이 생각하며 지속적으로 저널을 쓰면 그 경험의 복잡한 의미를 더 쉽게 찾을 수 있다고 한다.

복잡하고 혼란스러운 감정을 글로 표현하면 감정이 정리된다. 할 일이 너무 많아서 어디서부터 시작해야 할지 모를 때, 그 많은 일을 생각만 하지 말고 글로 쓰기 시작하면 그 일이 몇 가지든 정리된다. 그러면 비로소 생각보다 할 일이 적다는 것을 깨닫기도 하고, 어떤 일을 뺄지 어떤 일이 빠졌는지도 알 수 있다. 결국 내가 상황을 통제할 수 있게 된다.

부정적인 감정뿐만 아니라, 긍정적인 감정과 경험을 기록하면 그 순간을 다시금 느끼게 되고, 이는 긍정적인 감정의 지속을 강화하는 데 도움이 된다. 일상의 작은 기쁨을 다시 한번 체험할 수 있다. 이렇게 저널링은 여러모로 자신의 내면과 대화하는 기회임에도 종이를 펴고 펜을 잡고 글을 쓰려는 순간, 혹은 컴퓨터를 켜서 문서를 만들고 키보드에 손을 올리는 순간, 무엇을 써야 할지 막막함을 느끼는 경우가 많다. 이런 경우 '프롬프트prompt'의 힘을 빌릴 수 있다.

저널링에서 프롬프트는 글쓰기를 시작하기 위한 발판을 제공하는 문장이나 문구, 질문을 말한다. 프롬프트의 목적은 글이 막힐 때, 무엇에 대해 성찰하거나 기록해야 할지 확신이 서지 않을 때 아이디어나 주제에 대한 영감을 준다. 감정이 복잡하거나 표현하기 어려울 때, 프롬프트는 그 감정의 시작이나 방향을 제시한다. 빈 페이지는 어떤 사람에게는 무한한 가능성의 장이지만, 어떤 사람에게는 어디서부터 시작해야 할지 모르는 당혹스러운 공간일 수 있다. 이때 프롬프트는 길잡이 역할을 한다.

저널 프롬프트는 매우 다양하다. 다음의 예를 참고해서 나와 내 목적에 맞는 것을 선택하면 된다.

- 오늘 가장 감사한 것은 무엇인가?
- 내 반려동물에게 나의 하루를 묘사할 수 있는가?
- 다음 달에 달성하고 싶은 하나의 목표는 무엇이며, 그 이유는 무엇인가?

- 가장 기억에 남는 생일은 언제이고, 왜 기억에 남는가?
- 지금 나에게 스트레스를 주는 세 가지는 무엇이며, 이를 어떻게 처리하면 좋은가?
- 지금 내가 보고, 듣고, 느끼는 다섯 가지는 무엇인가?
- 오늘 나는 이전에 몰랐던 무엇을 배웠는가?

이런 프롬프트를 통해 글이 트이면 마음에 떠오르는 다른 것들을 적어도 좋다. 그러다 보면 프롬프트 없이도 빈 공간을 채울 말들이 쏟아지기도 한다. 하지만 그러다가도 어디서부터 시작해야 할지 모르는 빈 페이지의 압박감을 다시 느낄 수 있다. 이런 순간에는 미리 준비해 둔 프롬프트 목록을 통해 생각의 방향을 잡고, 글쓰기의 부담을 줄이면 된다.

많은 사람이 글쓰기를 베스트셀러 작가의 영역처럼 여기고는 한다. 학교에서 글쓰기가 주요 시험 과목이었던 우리는 무의식적으로 '나의 글이 다른 사람에게 어떻게 평가될까?', '내 문장 구조가 틀리진 않았을까?'라는 생각에 사로잡힌다. 그러나 저널 쓰기는 그러한 외부의 기준에서 벗어나, 오롯이 스스로와의 깊은 대화를 나누는 공간이다.

종이나 화면에 펼쳐진 공간에서는 생각과 감정이 제약 없이 흐른다. 여기에서는 완벽한 문장 구조나 글자보다 그 순간의 감정과 생각이 훨씬 더 중요하다. 가끔 마음의 목소리가 '이렇게 써도 될까?', '이 생각은 옳은 걸까?'라며 비판적으로 말할 때가 있다. 그럴 때마다 깊게 숨을 들이마시며 '이 순간은 나만의 것이다. 나의 생각과 감정을 표현하는 데 제한은 없다'라는 것을 상기해 보자. 이렇게 나의 진실된 감정과 생각을 담은 페이지는 나의 소중한 이야기이자 가치 있는 보물이 된다.

저널을 쓸 때 은유를 활용해 보자. 은유란 어떤 대상이나 개념을 다른 것으로 대체하여 간접적으로 표현하는 비유적인 방식이다. 은유를 사용하면 복잡하거나 추상적인 아이디어를 더 친숙하고 구체적인 이미지로 전달할 수 있다. 예를 들어 '시간은 금이다'라는 표현은 시간을 금에 비유함으로써 시간의 소중함을 강조할 뿐 아니라, '시간은 소중하다'는 말보다 더 강렬하게 와닿는다. 굳이 소중하다고 애써 말하지 않아도 이미지를 통해 그 마음이 전해진다.

은유는 복잡한 감정을 표현하는 데 효과적인 도구다. 직접 말하기 어려운 마음의 상태를 자연, 사물, 장면에 빗대어 표현하면 감정은 더 생생하고 이해하기 쉬워진다. 예를 들어 '오늘 내 마음은 폭풍우 치는 바다 같았다'라고 쓰는 것만으로도 감정의 깊이나 결을 더 잘 느낄 수 있다. 우울증을 '검은 개'에 비유했던 윈스턴 처칠Winston Churchill처럼 많은 이들이 감정에 형태를 부여함으로써 내면의 무게를 조금씩 덜어 낸다. 그러나 꼭 특별한 은유를 사용하지 않아도 괜찮다. 중요한 것은 마음속 이야기를 꺼내 보는 것이다.

트라우마 이후의 삶에는 때로 말로 설명하기 어려운 감정이 남는다. 저널링은 그 감정을 정리하고, 이해하고, 회복하는 데 큰 힘이 된다. 문장으로 완성되지 않아도, 단어 몇 개만 적어도, 그 기록은 치유를 향한 한 걸음이 될 수 있다. 지금의 나를 있는 그대로 받아들이기 위한 조용한 대화, 그것이 바로 저널링이다.

오늘부터 아주 짧게라도 써 보자. 나의 마음을 은유로, 혹은 있는 그대로. 그 글이 당신을 회복의 다음 단계로 데려다줄 것이다.

삶을 챕터로 바라보는 힘

인생의 스토리를 챕터로 나눠 성찰하는 훈련은 트라우마 생존자에게 유용하다. 트라우마 사건과 경험은 매우 복잡하고 혼란스럽다. 또, 여러 다른 시기의 생각, 기억 및 감정을 정리할 수 있고, 트라우마의 특정 측면을 더 쉽게 탐구하고 다룰 수 있다.

삶을 챕터로 정리하면 체계적으로 자신의 성장을 추적할 수 있다. 과거 챕터를 검토하여 트라우마에 어떻게 대처했는지 확인하고, 긍정적인 변화나 치유 이정표를 발견할 수 있다. 챕터를 성찰하면서 트라우마와 관련된 패턴이나 반복되는 주제가 드러날 수 있고, 트라우마가 관계, 행동, 대처 방안에 어떻게 영향을 미쳤는지에 대한 통찰력을 얻을 수 있다.

삶을 챕터로 나누면 트라우마 사건을 더 큰 인생 스토리의 맥락 안에 두고 관찰할 수 있다. 트라우마가 자신의 인생 스토리 일부로 어떻게 들어맞는지, 또 어떻게 나의 성장 순간과 연결되었는지 살펴볼 수 있다. 또한, 두꺼운 책 한 권이 여러 개의 챕터로 이루어져 있고, 아무리 힘든 챕터도 다 읽고 나면 책장을 넘길 수 있는 것처럼 챕터는 종결과 다른 단계로의 전환이다. 이는 특정 기간이나 사건과 관련된 트라우마 치유 과정에 도움이 되며, 사건을 마무리 짓고 앞으로 나아갈 수 있도록 도와준다. 챕터 안에 과거와 현재, 미래가 눈에 보이게 된다.

 트라우마 생존자에게 이러한 성찰 과정은 특별한 주의가 필요하다. 일부 챕터는 깊은 트라우마의 흔적으로 가득 차 있을 수 있으며, 회상하는 것만으로도 다양한 감정적 반응이 일어날 수 있다. 따라서 과거의 트라우마 챕터를 성찰할 때는 나의 현재 상태와 내가 트라우마를 어떻게 대처하는지를 철저히 고려해야 한다. 어떤 사람에게는 자신을 더욱 잘 이해하고 회복하는 데 도움이 될 수 있지만, 또 어떤 사람에게는 그 경험의 재현이 추가적인 트라우마를 초래할 수도 있다. 따라서 트라우마의 감정이 일정 부분 줄어들고, 연습 중 감정이 과도하게 활성화되더라도 이를 스스로 통제할 수 있는 능력이 생겼을 때 진행하는 것이 바람직하다. 내 인생의 챕터를 나열해 보고, 쉽게 성찰할 수 있는 챕터부터 시작하는 것도 좋은 방법이다.

인생 챕터 탐색

먼저, 삶 속에서 특별한 변화나 중요한 사건을 떠올려 보자. 그 순간이 내게 어떤 감정을 줬는지 그리고 그 경험이 삶에 어떤 변화를 가져왔는지 깊이 생각해 보자. 예를 들어 졸업, 이사, 취업 등이 있다. 이런 순간은 내 삶에 큰 영향을 미쳤을 것이며, 그 순간으로부터 얻은 경험과 통찰은 아주 귀중할 것이다. 그런 중요한 순간에 나는 어떤 감정을 느꼈는가? 그 감정이 나의 의사 결정과 행동에 어떤 영향을 미쳤는가?

각 챕터 의미 파악

각 챕터의 경험과 감정을 상세히 들여다보며, 그것이 나의 삶에 어떤 영향을 미쳤는지 그리고 그로부터 배운 교훈이 무엇인지 깊이 탐구해 보자. 내가 얻은 것과 잃은 것은 무엇이었는가? 이런 경험에서 나는 어떤 새로운 시각이나 인식을 갖게 되었는가? 그리고 그 교훈이 나의 삶, 인간관계, 진로에 어떠한 변화를 가져왔는가?

그 사건이나 전환점이 나의 삶 전반에 어떻게 연결되었는가? 내 삶의 목적, 가치관 및 전반적인 삶의 흐름과 어떻게 연결되어 있는가? 이런 경험은 내가 세상을 바라보는 방식과 인식에 어떤 영향을 미쳤는가?

미래 챕터 구상

과거의 챕터를 되돌아보며 나의 미래에 대한 상상과 기대에 마음을 기울여 보자. 나의 꿈은 무엇인가? 앞으로의 여정에서 내가 추구하고자 하는 것은 무엇인가? 지금까지의 경험과 성찰을 바탕으로 앞으로 나의 삶이 어떠한 모습으로 펼쳐지길 바라는가? 지난 챕터가 앞으로의 삶의 결정과 방향에 어떤 힌트나 가르침을 줄 수 있는지 깊이 생각해 보자.

지금까지 설명한 내용을 바탕으로 나의 인생 챕터를 만들어 보자. 지훈은 40세에 익사 사고를 겪은 이후, 물에 대한 강한 두려움과 반복되는 악몽, 외출을 꺼리는 회피 행동 등을 보이며 심각한 트라우마 반응을 경험했다. 그는 자신을 되돌아보기 위해 삶을 여섯 개의 챕터로 나눠 정리했다.

지훈의 인생 챕터 1~3에서는 어린 시절 해변에서의 추억, 친구들과의 관계, 청년기의 사랑 등 평범하면서도 따뜻했던 일상들이 등장한다. 하지만 챕터 4에서 그의 삶은 급변한다. 지훈은 갑작스러운 익사 사고를 겪으며 '죽음에 가장 가까이 있었던 순간'을 맞닥뜨리고, 이후 삶 전반에 걸쳐 공포와 불안, 자기 인식의 혼란을 겪는다.

챕터 5에서는 그가 회복을 위해 심리 상담과 물리치료를 병행하고, 가족과 친구의 도움을 받으며, 자신을 다시 일으켜 세우는 과정을 담았다. 그리고 챕터 6에서 그는 어느 날 수영장 옆 의자에 앉아 가볍게 발을 물에 담그는 데 성공한 자신을 발견한다. 아직 수영을 하지는 못하지만, 그 순간 그는 마음속으로 조용히 말했다.

'그래, 난 살아 있고, 다시 시작할 수 있어.'

이 여섯 개의 챕터는 지훈에게 트라우마가 '종결'이 아니라 '통과'임을 일깨워 줬다.

트라우마는 인생의 흐름을 일시적으로 멈추게 할 만큼 강력하지만, 그것이 인생 전체를 정의하지는 않는다. 삶은 다양한 장면으로 이루어진 긴 이야기이며, 어떤 챕터는 따뜻하고 평화롭고, 또 어떤 챕터는 고통과 혼란으로 채워지기도 한다. 그리고 그 모든 장면이 모여 나라는 존재의 깊이를 만든다.

인생의 여정을 '챕터'로 바라보는 시도는 자신을 객관적으로 이해하고 회복을 도모하는 데 매우 유익하다. 과거를 정리하고, 현재를 인식하며, 미래를 상상하는 이 과정은 트라우마를 지나 더 넓은 의미를 발견하는 여정이 된다.

조용한 시간을 내어 나만의 인생 챕터를 써 보자. 어떤 이름을 붙이고 싶은 시절이 있었는지, 지금 쓰는 챕터에는 어떤 제목을 붙이면 좋을지, 그리고 앞으로 펼쳐질 다음 챕터에는 어떤 이야기를 담고 싶은지 생각해 보자. 이 작은 시도는 우리 삶의 스토리를 회복하고, 앞으로 걸어갈 길에 깊이 있는 이야기를 만들어 가는 데 큰 도움이 될 것이다.

감정의 마침표를 찍는 편지 쓰기

편지 쓰기는 일기나 기록과는 또 다른 차원의 치유력을 지닌다. 일기가 '나와의 대화'라면, 편지는 본질적으로 '타인과의 대화'다. 그리고 많은 트라우마가 타인과의 관계 속에서 발생한 것임을 생각할 때, 편지 형식은 그 자체로도 고유한 회복적 가능성을 품는다.

편지는 과거 상처를 다루는 하나의 '마음 공간'이 된다. 그 공간에서는 우리가 차마 입으로 내뱉지 못했던 말, 오래된 슬픔, 응어리진 미움, 전하지 못한 용서가 글이라는 매개를 통해 흘러나온다. 때로는 그 대상이 더 이상 이 세상에 존재하지 않을 수도 있고, 여전히 두렵고 불편한 존재로 남아 있을 수도 있다. 직접 마주하기 어려운 관계와 감정들, 그 얽히고설킨 실타래를 편지라는 형식을 통해 조심스럽게 풀어 나갈 수 있다.

그렇기에 편지 쓰기는 트라우마가 남긴 감정의 '미완의 장'에 마침표를 찍을 기회를 준다. 꼭 화해를 하거나 상대를 용서할 준비가 되지 않았더라도, 내 안에 머무는 감정을 더는 억누르지 않고 글로 옮기는 행위 자체가 엄청난 해방감을 선사한다. 편지를 쓰는 과정은 단지 상대방에게 말을 거는 것이 아니라, 결국 자기 자신에게 말을 거는 일이다. 그 편지 속에서 우리는 다음과 같은 복합적인 감정과 조우한다.

'왜 나는 그때 아무 말도 하지 못했을까?'
'나는 정말 잘못한 것이었을까?'
'그 사람을 아직도 그리워하는 내가 이상한 걸까?'
'그 일을 통해 내가 배운 건 무엇이었을까?'

이런 질문은 자기 연민, 자기 수용, 자기 용서로 이어지고, 그 과정에서 감정은 조금씩 맑아진다. 말로는 설명할 수 없는 감정을 쓰는 동안 우리는 그 감정에 이름을 붙이고, 의미를 부여하고, 더 이상 그 감정에 끌려다니지 않게 된다.

편지를 쓰고 난 후 그것을 어떻게 할지는 오직 나의 몫이다. 누군가에게 직접 전해도 되고, 편지를 태워 날려 보내도 좋다. 혹은 그저 일기장 깊숙한 곳에 묻어 두거나 찢어 버려도 된다. 중요한 것은 '썼다'는 사실이다. 그만큼 나의 감정이 존중받았고, 표현되었고, 풀려나갔다는 점이다.

사별과 애도의 슬픔을 나누는 어느 그룹에서, 한 참가자는 조용히 자신의 이야기를 꺼냈다. 그는 평생 아버지로부터 학대와 폭력을 경험했다. 중년이 된 이후, 그는 더 이상 그 관계 속에서 자신을 지키기 어렵다고 판단하고, 아버지와 인연을 끊고 살

앉다. 그리고 오랜 시간이 흐른 어느 날, 아버지의 사망 소식을 들었다. 갈등도, 화해도 없이 남겨진 죽음이었다. 그는 장례식에 참석했지만, 마지막 인사를 하기 위해서라기보다는 자신 안에 남은 무언가를 끝내기 위해 그 자리에 섰다.

그는 편지 한 장을 꺼내 관 속에 넣었다. 그 편지에는 누구에게도 말하지 않았던 수많은 감정, 어린 시절의 공포와 혼란, 지금껏 꾹꾹 눌러 온 분노와 아픔 그리고 한 줌의 슬픔이 담겨 있었다. 무엇보다도 이제는 이 고리를 놓고 싶다는 바람이 담겨 있었다.

그는 말했다. "장례식에 가는 게 맞는지, 내 마음을 정리할 수 있을지 정말 모르겠더라고요. 그런데 편지를 써서 넣고 나니 묘하게도 내가 살 수 있게 된 느낌이었어요. 끝이라고 말할 수 있어서, 혹은 내 마음을 말할 수 있어서였는지도 모르겠어요."

그에게 그 편지는 화해가 아니었다. 그렇다고 완전한 용서도 아니었다. 그 편지는 '이제 여기까지'라고 자기 삶의 페이지에 자신이 직접 찍는 마침표였고, 동시에 다시 써 내려갈 새로운 문장의 시작이었다. 내면에 쌓인 감정이 표현되고, 흘러나오고, 인정되었을 때의 해방감이었다.

편지 쓰기는 심리 치료에서 오랫동안 활용된 게슈탈트 Gestalt 치료의 '빈 의자 기법 Empty Chair Technique'과 매우 닮아 있다. 마주한

빈 의자를 상대로 마음속에 품었던 말을 꺼내는 방식이다. 그 의자에 실제 인물이 없는 상태에서도, 우리는 그 사람을 떠올리며 말을 건넨다. 그 자리에 있는 듯 말하고, 묻고, 화내고, 때로는 용서하거나 운다. 그 사람은 없지만 그 사람과 미해결된 관계는 지금 이 순간 나와 함께 있고, 그 감정을 직접적으로 표현하는 일이 치유의 열쇠가 된다.

이제 잠시 시간을 내어 나만의 편지를 써 보길 권한다. 그 편지는 누구를 향해도 좋다. 종이에 담긴 당신의 진심은 말로 꺼내지 못했던 감정에 조용히 숨결을 불어넣는다. 쓰는 동안 그 감정이 어떻게든 모양을 갖추고 흘러가길 바란다. 그것이면 충분하다.

그 생각, 그 걱정은 가짜다

마음 날씨 바꾸기

인지 행동 치료Cognitive Behavioral Therapy, CBT와 변증법적 행동 치료Dialectical Behavior Therapy, DBT는 현대 심리 치료에서 널리 활용되는 방법론이다. 이 두 치료는 공통적으로 생각, 감정, 행동이 서로 깊이 연결되어 있다는 원칙에 기반을 둔다. 우리가 어떤 감정을 느끼는 이유는 단순히 외부 사건 자체 때문이 아니라, 그 사건을 어떻게 해석하느냐, 즉 생각(인지)에 따라 달라진다. 슬픔, 불안, 분노 등의 감정은 종종 특정한 사고 패턴에서 비롯된다. 다시 말해, 감정은 사건이 아니라 그것에 대한 우리의 해석에서 비롯된다.

자동적 사고는 우리가 특정 자극에 반사적으로 반응하게 만드는 생각의 습관이다. 우리가 의식적으로 깊이 생각하지 않아도 자동으로 떠오르는 생각이다. 이는 과거의 경험, 특히 강한 감정이 수반된 경험으로 예컨대 트라우마에서 비롯된 경우가 많다. 트라우마적 경험은 강렬한 감정과 공포를 동반했기 때문에 뇌는 그 상황을 '위험한 것'으로 저장하고, 유사한 자극이 나타났을 때 즉시 반응하도록 훈련한다.

이는 원래 생존을 위한 뇌의 보호 기제다. 예를 들어, 예전에 뜨거운 물에 덴 경험이 있는 아이가 이후에도 컵에 담긴 모든 액체를 경계하는 것처럼, 트라우마 생존자는 '위험하다'는 자동 경보를 반복해서 울리게 된다. 이러한 사고는 처음에는 적응적인 역할을 하지만 시간이 지나며 현실과 부합하지 않을 때 오히려 불안과 회피 행동을 지속시키는 걸림돌이 된다.

자동적 사고를 이해하기 위해 운전을 예로 들어 보자. 매일 아침 집에서 직장으로 운전하는 출근길이 익숙해서, 주말에 교외의 카페에서 친구를 만나기로 한 날에도 무의식적으로 직장 방향으로 운전하는 자신을 발견한다. 의식적으로 방향을 생각하지 않아도, 반복된 경험이 자동적으로 행동을 이끌어 내는 것이다. 이것이 바로 자동적 패턴이다.

우리의 생각도 이와 비슷하다. 특정 상황이나 자극이 주어졌을 때, 과거의 경험을 바탕으로 자동적으로 떠오르는 생각이 있다. 특히 트라우마적 경험은 매우 강력한 정서적 기억을 남기기 때문에, 유사한 상황에 처하면 별다른 판단 없이 자동적 사고 패턴으로 이어진다.

예를 들어, 과거에 심한 따돌림을 당한 경험이 있는 사람이라면, 직장에서 동료가 복도를 지나가며 찡그린 얼굴을 했을 때 '나한테 화났나?', '내가 뭘 잘못했지?', '또 나를 무시하는 걸까?'라는 생각이 자동적으로 떠오른다. 정작 그 동료는 단순히 피곤했거나, 다른 일로 걱정이 있거나, 햇빛이 눈 부셔서 인상을 쓴 것이라도 말이다. 이렇게 트라우마 생존자에게는 그 순간의 작은 표정 하나가 과거의 상처를 자극하며 부정적인 해석으로 직결된다.

자동적 사고는 현재의 사실보다 과거의 경험에 더 많은 영향을 받는다. 문제는 이 사고가 현실과 어긋날 수 있다는 점이다. 그래서 우리는 자동적 사고를 알아차리고 그것이 '사실'이 아니라 '패턴'일 수 있음을 인식하는 연습을 해야 한다. 이것이 인지적 재평가의 출발점이다. 이 과정은 마치 익숙한 길에서 잠깐 벗어나 새로운 길을 만드는 작업과도 같다. 처음엔 낯설고 헷갈릴 수 있지만 반복적으로 연습하다 보면 새로운 인지의 길이 조금씩 다져지고, 그것이 삶의 방향을 바꾼다.

몇 해 전, 지수는 대형 산불로 집을 잃었다. 다른 건 신경 쓸 겨를도 없이 급하게 피신해야 했고, 연기 속에서 빠져나오던 그날의 혼란과 공포는 여전히 선명하게 남아 있었다. 다행히 가족은 모두 무사했지만, 그 후 지수는 삶의 모든 일에 과도하게 예민해졌다. 작은 불씨나 연기 냄새만 맡아도 가슴이 조였고, 비슷한 재난 뉴스를 접할 때마다 그날의 감각이 생생하게 되살아났다.

시간이 흐르면서 지수는 '언제든 다시 모든 걸 잃을 수 있다'는 생각에 사로잡혔고, 이는 일상의 작은 선택에도 영향을 미쳤다. 여행은 물론 외출도 꺼리게 되었고, '불안한 상황은 무조건 피해야 한다'는 확신 속에 점점 사람들과의 관계도 좁아졌다. 그녀는 늘 가방에 응급 물품을 챙겼고, 잠들기 전에는 재난 대비 동영상을 반복해서 시청했다.

지수처럼 트라우마에서 비롯된 자동적 사고 패턴을 갖는다면 다음과 같은 질문을 스스로 던질 수 있다.
'그 일이 다시 일어나면 정말 항상 그렇게 될까?'
'그 일이 다시 일어날 가능성은 현실적으로 얼마나 될까?'
'내가 할 수 있는 준비는 무엇이고, 불필요한 과잉 반응은 무엇일까?'

이런 질문을 통해 우리는 부정적인 인지를 자동적으로 받아들이는 대신 보다 현실적이고 균형 잡힌 시각을 갖게 된다. 또한, 상황이 나를 다시 위협하는 것이 아니라, 과거의 감정이 현재를 덮었다는 것을 자각하는 데 도움이 된다. 이후에는 '지금은 안전하다', '나는 준비되어 있고, 대처할 수 있다'와 같은 자신을 안심시키는 언어를 의도적으로 반복하며, 불안을 진정시키는 새로운 내적 대화를 만들 수 있다. 이러한 연습은 실제로 우리의 행동을 변화시키고, 회피 대신 조금씩 새로운 경험에 발을 디딜 수 있도록 돕는다. 중요한 것은 감정보다 먼저 떠오르는 자동적인 생각을 그대로 믿지 않고 한 번 더 질문하고 바라보는 연습이다. 그 작은 연습이 일상 속에서 회복의 실마리가 된다.

오늘 당신의 머릿속에 검은 먹구름을 드리우는 그 생각을 다시 한번 점검해 보자. 그리고 스스로에게 묻자. '그 생각은 지금의 현실을 제대로 반영하는가?' 그 작은 질문이 내면의 감정에 여유를 주고, 마음의 날씨를 변화시키는 첫걸음이 될 것이다.

감정 터널에서 빠져나오기

부정적인 감정의 시작은 다양한 요인에서 비롯된다. 그리고 한번 이러한 감정이 시작되면, 그것이 연쇄적으로 다른 부정적인 감정을 불러일으키면서 스스로 괴물처럼 성장한다. 이러한 현상은 특히 트라우마와 관련된 경험이 활성화될 때 더욱 명확하게 나타난다. 노여움이나 두려움 같은 특정 감정이 도드라져 나오면서 그 감정이 모든 상황을 지배하고, 결국 우리의 행동까지 통제한다. 이는 암흑 속에서 한 방향으로만 고개를 돌릴 수 있는 터널 비전 tunnel vision 상태에 빠지게 만든다. 마치 좁은 터널 안에서 한곳만을 응시하며, 다른 방향은 보이지 않는 상황이다.

이렇게 되면 우리의 마음과 행동은 그 방향으로만 폭주하며, 그 결과 우리를 나락으로 빠뜨린다. 이때 터널 끝을 폭파하거나, 계단을 잘라 내는 등 어떠한 방식으로든 이 순환의 고리를 끊어 내야만 한다. 터널 비전은 일상에서도 많이 발생하는데 다음의 예를 보면서 내가 터널 비전에 빠질 때를 생각해 보자.

선영은 청소년기까지 많은 정서적 학대를 경험했고, 성인이 된 후에도 그 트라우마로부터 완전히 벗어나지 못했다. 어린 시절 미처 발견하지 못한 시력 문제와 주의력 결핍 과잉 행동 장애 attention deficit hyperactivity disorder, ADHD 로 인해 부모에게 하루가 멀다 하고 야단과 체벌을 받았다. 지금은 안정적인 직장을 다니고 있지만, 그녀의 내면은 여전히 상처로 가득 차 있다. 어느 날, 그녀의 상사는 사무실에 들어와 갑작스레 고객사에서의 불만 접수와 직원 감축 위협을 이야기하며 호통 쳤다.

"이봐 모두, 어제 내가 무슨 전화를 받았는지 알아? 고객사에서 전화가 왔는데, 우리 부서에서 제출한 보고서가 맘에 안 든다고 하더라고. 데이터 오류와 누락이 있다며 말이야. 안 그래도 경제 불황설이 도는 지금 사장님이 이 상황을 알게 되면 직원 감축이 시작될 거야. 그럼 우리 팀이 제일 먼저 감축되겠지. 모두 정신 차리고 일해. 안 그래도 요즘 되는 일이 하나도 없는데 내가 고객사에서 이런 전화까지 받아야겠어? 나는 스트레스를 너무 받아서 사우나 좀 갔다 올 테니 어서 밀린 일들 해!"

선영은 가슴이 떨리기 시작했고, 갖가지 생각이 폭포수처럼 쏟아지기 시작했다. 어제 B 고객사와 통화하기로 하고 깜박 잊은 것이 생각났다. '나는 왜 이렇게 기억력이 나쁜 거야? 아, 생각해 보니 오늘 친구가 물어본 정보 주는 것도 잊었네. 혹시 B 고객사가 지난번 내가 낸 보고서 때문에 불만 전화를 한 건가? 내 보고서는 늘 실수가 많아. 여러 번 검토하는데도 꼭 실수가 있지. 이 회사에서 해고되면 이 나이에 다른 회사에 들어가는 건 힘들 테고, 모아 둔 돈도 없어. 그러니 대학 전공을 잘 선택했어야 했고, 돈 관리도 제대로 했어야 했어. 이 나이에 취업이 안 되면 작은 가게라도 열어야 할 텐데 꼼꼼히 제대로 일도 못 하는 내가 뭔 사업을 한다고···. 상사가 줄곧 나를 보고 이야기하던데, 두 달 후 인사 평가에서 나는 해고될 거야.'

선영은 지금 터널 비전에 놓였다. 그녀가 겪는 터널 비전의 생각 패턴은 그녀의 과거 트라우마와 긴밀하게 연결되었다. 그녀가 어릴 적 부모로부터 받았던 학대와 체벌은 마음속에 깊은 상처를 남겼고, 이 상처는 성인이 된 후에도 지속적으로 그녀의 반응과 감정에 영향을 미쳤다.

자기 비난

선영의 첫 번째 생각 패턴은 자기 비난이다. 문제가 발생하면 자동적으로 자신을 탓한다. 상사가 부서 전체에 하는 말을 들으면서도 그녀는 자신의 실수에만 집중하고, 그 오류가 다른 요인이나 다른 사람으로 인해 발생했을 가능성을 간과한다.

과도한 감정 반응

선영은 그녀의 팀과 회사 전체에 큰 책임감을 느낀다. 사소한 오류도 큰 문제로 확대해 생각하며, 그 결과로 자신을 과도하게 압박한다. 그녀는 현재의 문제를 미래의 큰 위기로 확장해 생각한다. 오류를 범한 것이 자신의 경력에 큰 영향을 줄 것이라고 과도하게 생각하며, 이로 인해 불안감이 커진다. 상사의 비판이나 압박을 받을 때, 선영은 그것을 어릴 적 받았던 부모의 야단과 연결시킨다. 이로 인해 그녀의 반응은 과도하게 강해지고, 나에 대한 비판적인 시각은 점점 심해진다.

상사의 갑작스러운 지적은 선영의 사고 범위를 아주 좁게 한정시킨다. 이러한 터널 비전 현상은 과거의 상처나 트라우마, 또는 극도의 스트레스로 인해 일어난다. 터널 비전을 극복하고 넓은 시각으로 상황을 바라보기 위해서는 꾸준한 연습이 필요하다. 다음은 선영이 자신의 인식을 재구성하고 터널 비전을 극복하는 방법이다.

자기 인식과 객관적 사실 평가

가장 먼저, 자신의 생각 패턴이 감정과 어떻게 연결되는지 의식적으로 인식해야 한다. 그런 다음 상황을 객관적으로 평가해야 한다. '정말로 내가 담당하는 거래처와 관련된 문제인가?'라는 질문부터 시작해 실제 오류나 누락 내용을 찾고 확인하는 단계가 필요하다.

과거와 현재 구분하기

어릴 때의 경험과 현재 상황을 구분하는 것이 중요하다. 과거에 부모로부터 받았던 비판과 현재 상사의 지적은 다르다. 현재의 상황에만 집중하며, 그 상황을 해결하기 위한 방법을 찾아야 한다.

부정적인 생각 멈추기

부정적인 사고를 인식하고, 그것이 감정과 행동에 미치는 영향을 이해해야 한다. '나는 무능하다' 또는 '나는 항상 실수를 한다'와 같은 부정적 생각을 중립적으로 분석하고 다시 구성해야 한다. 예를 들어 '실수는 누구나 한다. 나도 배우며 성장할 수 있다'로 생각의 방향을 바꾼다.

긍정적 자아 이미지 강화

선영은 자신의 강점을 인식하고, 긍정적인 자기 대화를 통해 자신감을 키워야 한다. 스스로에게 따뜻하고 지지적인 말을 건네는 습관이 중요하다.

나만의 목표 설정과 계획

성장과 개선을 위한 목표를 설정하고, 그 목표를 달성하기 위한 계획을 세운다. 예를 들어, 나만의 업무 성과 향상법이나 스트레스 관리법을 만드는 것이다. 시간 관리, 업무 조직, 자기 효능감을 높이는 방법을 배우고 적용한다. 이러한 전략은 업무에서 성공 경험을 쌓고, 스트레스를 감소시킨다.

긍정의 말로 나를 일으키기

자기 존중감을 높이고 스트레스를 관리하기 위해 명상, 규칙적인 운동, 정기적인 휴식 등 자신에게 맞는 해소 방법을 찾는다. 또한 스스로에게 '나는 이 문제를 해결할 수 있다', '한 번의 실수가 나의 전체 능력을 말해 주진 않는다'와 같은 긍정적인 메시지를 꾸준히 전달한다.

관계 안에서 회복하기

나 혼자서는 어렵다면 가족, 친구, 동료에게 도움을 요청하자. 세상은 혼자 살아가는 것이 아니라 함께 살아가는 것이다. 그러니 혼자서는 힘들다면 어려워하지 말고 주변 사람에게 도움을 요청해 보자. 혹시 모른다. 누군가 당신의 곁에서 도움을 주기 위해 조용히 기다리고 있을지도 말이다.

부정적인 감정이 우리를 압도할 때, 그 감정은 종종 또 다른 감정을 초래하며, 이는 마치 도미노처럼 하나가 넘어지면 나머지도 함께 넘어지는 현상을 만든다. 특히 트라우마 경험이 연관된 상황에서는 한 가지 감정이 지배적으로 나타나며, 이는 우리의 시각을 한쪽으로만 몰아넣는다. 이때 우리의 시각이 한정되고, 그 한정된 감정과 생각만이 지배적으로 작용하기 시작한다.

터널 비전에서 벗어나기 위해서는 먼저 그 반복되는 감정과 생각의 패턴을 인식하고, 그것이 내 삶에 어떤 영향을 미치는지 차분히 들여다보는 것이 필요하다. 그러고 나서 그 낡은 자동 반응의 패턴을 잠시 멈추고, 다른 길을 상상해 보자. 작은 틈이라도 발견된다면 그곳이 바로 새로운 시선과 감정이 들어오는 통로가 된다. 오늘 당신의 하루 속에서 감정과 생각이 좁은 터널로 몰아가려는 순간이 있었다면, 잠깐 멈춰서 스스로에게 이렇게 물어보자.

'지금 내가 보는 이 해석은 유일한 진실일까?'

'이 감정은 어디에서 시작되었으며, 어디로 흘러가는 걸까?'

그 질문이 곧, 터널 끝의 빛을 향해 나아가는 첫걸음이 될 것이다.

강박적 사고 떨치기

생각의 굴레에서 벗어나기

강박적 사고란 반복적이고 지속적인 생각, 이미지, 충동 등이 자신의 의지와 상관없이 반복적으로 떠오르는 상태를 말한다. 다양한 형태로 자주 등장하는 강박적 사고는 우리의 과거, 현재, 미래에 대한 인식을 왜곡시킨다. 과거의 실수나 실패에 대한 강박적인 사고와 지속적인 재평가는 우리를 후회와 죄책감에 빠뜨린다. 예를 들면, 과거의 사건을 계속해서 되감으며 '다르게 행동했더라면 어땠을까' 하는 다양한 시나리오를 반복적으로 생각하게 만든다.

재영은 대학 시절 중요한 시험을 망쳐 장학금을 잃은 일을 트라우마처럼 반복해서 떠올린다. 그날의 시험 장면은 불쑥 그의 머릿속에 나타나 그가 얼마나 불안했는지, 시간 관리에 어떻게 실패했는지를 생생히 상기시킨다. 친구들과 함께 있을 때조차도 갑자기 그 기억이 떠올라 온전히 현재를 즐길 수 없게 된다. '그 옷 말고 다른 옷을 입었어야 했는데, 그 질문에 이렇게 답했어야 했는데, 더 자신감 있는 목소리를 냈어야 했는데, 더 잘할 수 있었는데'라는 생각이 그의 마음을 온전히 지배했다. 이러한 강박적 회상은 재영이 자신감을 잃고 지속적인 죄책감과 부정적인 자기 인식에 빠지게 만들었다. 현재의 성취도 과거의 실패에 가려져 보이지 않게 되었다. 이런 트라우마성 강박적 사고는 재영이 일상생활에 집중하는 것을 방해하고, 끊임없이 정신적 소음을 만들어 냈다.

강박적 사고에 사로잡히면 내가 현재 하는 일이나 행동이 올바른지를 끊임없이 걱정하고, 이를 계속 확인하는 행동을 반복한다. 작은 실수에 대해서도 과도하게 집착하고, 완벽하지 않은 것에 대해 계속 스트레스를 받는다. 또, 일상적인 대화에서도 내가 한 말이나 행동을 되새기며, 타인이 나를 어떻게 생각할지 신경 쓴다. 내 건강이나 가족의 건강을 지나치게 걱정하고, 사소한 증상도 큰 질병의 징후로 해석하며 불안해한다.

민수는 거울 앞에서 끊임없이 스스로를 관찰했다. 작은 여드름 하나에도 마음은 뒤숭숭해지고, 몸매의 모든 선을 살펴보며 결점을 찾아냈다. 결점이 너무 많아서 눈을 감아도 그 모습이 선명하게 그려졌다. 이런 강박적인 걱정은 그의 사회생활에까지 영향을 미쳤는데 외모가 특히 중요한 상황, 예컨대 친구들과의 모임 같은 자리에는 차라리 아프다는 핑계를 대고 나가지 않았다. 불안감을 이겨 내려고 노력하지만 오히려 거울 앞에서 더 많은 시간을 보내고, 사람들 앞에 서는 것을 피하게 되었다. 친구들과의 약속을 자주 취소하다 보니 점점 더 소통이 줄고, 사회적으로 고립된 자신을 발견하게 되었다.

누군가는 "나는 과거나 현재에 대한 강박적 생각이 전혀 없어. 늘 미래만을 생각하는 미래지향적 성격이지"라고 말할지도 모른다. 하지만 미래에 대한 과도한 걱정과 집착은 우리 마음의 안정을 흔든다. 계속해서 최악의 시나리오만을 생각하면서 가능한 모든 위험에 대해 지나치게 걱정하면, 그것은 현재의 삶에서 행복 찾는 것을 방해한다.

민영은 미래를 향한 계획에 깊이 집착했다. 그녀는 단순한 하루 일정이 아니라 주간, 월간 계획은 물론이고 5년, 10년 후의 계획까지 세우며, 심지어는 평생 계획까지 그렸다. 이러한 꼼꼼한 계획을 세운 후에는 마치 모든 것이 자신의 통제하에 있다고 느꼈다. 그리고 그 순간의 만족감을 즐겼다. 그러나 그 만족감은 잠시뿐, 민영은 곧이어 다가올 변화에 대비해 또 다른 계획을 세우기 시작했다.

민영은 끊임없이 최상의 결과를 얻기 위해 노력했다. 몇 달 동안 열심히 공부해서 원하는 자격증을 획득했을 때도 합격 발표가 나오자마자 그녀가 느낀 것은 기쁨보다는 목표 하나를 달성했다는 안도의 감정이었다. 그리고 잠시의 쉼도 없이 다음 자격증과 목표를 향해 나아갔다. 이렇게 민영은 자신이 지금까지 얻은 성취와 그 과정에서의 노력을 진정으로 인식하고 축하하지 못했다. 날이 갈수록 새로운 불안함이 그녀를 찾아왔다. 부모님이 돌아가신 후의 삶, 예상치 못한 여러 상황에 대한 걱정이 그녀의 마음을 가득 채웠다.

한국 사회에서 미래지향적인 태도는 성공을 위한 필수 덕목으로 여겨진다. 미래를 향한 계획과 노력이 중요하지 않다는 것은 아니다. 다만 그로 인해 현재를 희생하고 있다면, 그것은 주의해야 할 신호다. 지금까지의 노력과 성취를 인정하고 축하하는 것은 자존감과 만족감을 높이는 중요한 행위다.

우리나라처럼 어릴 때부터 생활 계획표에 익숙한 문화에서는 계획 중심의 삶이 익숙하지만, 지나친 준비는 강박과 불안으로 이어진다. 특히 트라우마를 경험한 사람에게는 '앞으로 무슨 일이 또 벌어질지 몰라'라는 생각이 더욱 강하게 자리 잡게 만든다. 이럴수록 우리는 미래에 대한 통제 대신 현재의 안정과 회복에 더 많은 관심을 기울여야 한다. 계획은 미래를 향한 다리가 되어야지, 현재를 잠식하는 벽이 되어서는 안 된다. 과거, 현재, 미래에 대한 강박적 사고의 굴레 속에 내가 있는지 살펴보자.

'이미 지나간 일을 자주 반복적으로 후회하는가?'

'아직 오지 않은 미래에 대한 걱정과 예측으로 지금의 마음을 소모하는가?'

'지금 이 순간에도 해야 할 일, 더 나은 내가 되기 위한 계획에 몰두하느라 현재를 충분히 누리지 못하는가?'

자연처럼 흘러가며 살기

과거에 머무는 생각, 미래에 대한 불안은 현재를 온전히 살아 내지 못하게 만들고, 반복되는 강박적인 사고는 감정의 틀에 나를 가두어 놓는다. 그 결과 삶은 점점 더 좁아지고, 자유는 점점 더 멀어진다. 자연은 이러한 갇힘에서 벗어날 수 있는 통로가 된다. 나무 사이로 스며드는 빛, 잎새에 닿는 바람, 바닷가에 밀려오는 파도 소리. 이 모든 자연의 감각은 몸을 깨우고, 마음을 풀어 주며, 생각을 지금 이 순간으로 되돌린다.

자연 속에서는 더 이상 억지로 감정을 조절하거나, 생각을 밀어내려 하지 않아도 된다. 그저 있는 그대로를 받아들이고, 흘러가도록 놓아두면 된다. 자유로워진다는 것은 부정적인 감정이나 생각을 없애는 것이 아니라, 그것들을 억누르지 않고 흘려보내며 살아가는 상태를 말한다. 자연은 바로 그 상태로 우리를 초대한다.

에드워드 오즈번 윌슨^{Edward Osborne Wilson}이 제안한 바이오필리아 가설^{Biophilia Hypothesis}은 인간이 자연과 본능적인 연결을 지녔다는 주장에 기반한다. 수많은 세대에 걸쳐 우리 조상들은 자연 속에서 생존하며 살아왔고, 그 과정에서 우리의 뇌와 심리 구조는 숲, 강, 바다와 같은 자연환경에서 평온함과 안정감을 느끼도록 진화했다. 이는 단지 심리적 선호를 넘어, 유전자의 깊은 곳에 각인된 '자연 회귀 본능'이다.

우리는 자연 속에서 본능적으로 위안을 얻고, 치유의 실마리를 발견하며, 때로는 삶의 방향을 재정립한다. 이러한 연결은 한국 전통의 삼림욕에서도 찾아볼 수 있다. 서양에서 'Forest Bathing'이라 불리는 이 개념은 우리에게 이미 오래전부터 익숙한 치유 방식이었다. 숲속을 천천히 걷고, 나무 향을 들이마시며, 잎 사이로 스며드는 햇빛과 바람, 새소리를 온몸으로 느끼는 경험은 트라우마나 강박적인 사고에서 벗어나 마음을 새롭게 세우는 데 큰 도움을 준다.

캐나다 원주민은 얼음물 속으로 들어가는 콜드 플런지^{cold}

plunge를 단순한 자극이 아니라, 자연과 다시 이어지는 신성한 행위로 여긴다. 찬물에 몸을 담그는 그 강렬한 순간은 숨이 턱 막히는 충격과 동시에 감각의 회복을 불러온다. 얼어붙은 마음이 해빙되듯 '지금 이 순간 살아 있다'는 생생한 감각이 되살아난다.

요즘 다양한 앱에서 명상이나 요가 세계를 탐험하다 보면 자연의 소리가 특별한 주목을 받는다는 것을 알 수 있다. 새의 지저귐이나 물 흐르는 소리는 마치 명상의 깊은 상태로 인도하는 마법 같다. 이것만으로도 자연의 소리와 정신 건강 사이의 근본적인 연관성을 느낄 수 있다. 현대의 빠른 도시화는 우리의 정신 건강에 부정적인 영향을 미치는 원인 중 하나다. 도시 생활자들은 천천히 초록 공간을 잃으며 이로 인해 정신적 스트레스가 증가한다. 특히 한국은 좁은 국토와 밀집된 도시 환경 탓에 일부러 노력을 기울이지 않으면 흙을 만지고 보는 것조차 힘들다.

반면, 작은 반도로서 특별한 이점도 있다. 서울 같은 대도시 한복판에서도 차를 몰고 두어 시간만 투자하면 바다에 도착할 수 있다. 또한 어디를 가도 산이 보이고, 초록색 풍경이 눈앞에 펼쳐진다. 이러한 자연과의 교감은 우리에게 익숙해서 특별하게 느껴지지 않을 수 있다. 나 역시 외국에서 살아 본 후에야 이런 교감이 다른 곳에서는 흔한 경험이 아니라는 걸 알 수 있었다. 근처 산에 가기 위해 다섯 시간씩 운전해야 하는 곳에 살아 본 뒤에야, 한국의 자연이 얼마나 소중한지 알게 되었다. 조금만 발걸음을 옮기면 즐길 수 있는 해변이나 산 중턱에서 휴식을 취하고, 명상하며, 자신과 대화하는 시간을 가져 보는 것은 어떨까? 자연의 소리와 함께 우리의 내면도 깨끗해질 것이다.

생태 심리학에 따르면 자연에서 시간을 보내는 것은 스트레스를 감소시키고, 우울증을 완화시키며, 정서적 안정감을 증진시킬 수 있다. 각기 다른 자연의 풍경은 그곳마다 특별한 감정과 치유의 힘을 간직한다. 나무와 숲은 우리에게 고요하고 평화로운 휴식을 제공하며, 산은 웅장함과 높은 고도로 넓은 시야와 상쾌한 공기를 선사한다. 바다는 리듬감 있는 파도 소리로 마음의 혼란을 잠재우는 힘이 있다.

나는 해변의 파도와 바다 풍경에 특별한 감정을 느낀다. 파도가 바닷가로 밀려와 부서지는 순간, 그 소리와 모습은 내게 평안과 안식을 준다. 바다는 그 자체로 나에게 위로와 치유를 제공한다. 어떤 이는 시원하게 흐르는 물소리를 들으며 마음의 평화를 찾는다. 다른 이는 눈 덮인 산의 조용함과 아름다움에 흠뻑 빠져 그곳에서 치유를 찾는다.

이처럼 각기 다른 치유의 힘을 지닌 자연환경 중 나는 어떤 곳에서 위로와 치유를 느끼는가? 밖으로 나가기가 힘들고 지친다면 자연을 더 가까이 들이는 방법을 찾아보자. 실내 식물을 키우고, 자연의 소리를 담은 영상을 보고, 짧은 시간이라도 집 밖으로 나가 작은 자연 속에서 휴식을 취하는 것도 큰 도움이 된다. 도시 정원이나 루프톱rooftop은 자연과의 접촉을 도우며, 도심 속에서도 휴식을 가능하게 한다.

물론 자연 속에 머무르는 것만으로도 큰 치유 효과가 있지만, 여기에 다양한 치유 전략을 더해 보면 그 효과는 더욱 커진다. 예를 들면, 산 중턱이나 호수가 있는 곳에서 러빙 카인드니스 명상을 하거나, 해변의 모래사장에서 편안한 기분으로 일기를 쓰거나, 집 안에 아름답게 꾸민 작은 정원을 바라보며 편지를 쓰는 시간을 가져 보자. 이러한 다양한 치유 전략을 통해 자연과의 교감을 더욱 풍성하게 만들자. 걷기 운동을 한다면 실내 헬스장에서 회원권을 끊기보다 야외에서 계절을 느끼면서 걸어 보자. 그것이 다름 아닌 그린 운동green exercise이다.

일과 성취로 바쁜 와중에 자연에서 시간을 보내는 것이 사치, 시간 낭비라고 여겨진다면 레스토러티브(회복적) 환경 이론restorative environments theory을 통해 자연과의 친화가 오히려 성취와 성공에도 도움이 된다는 것을 확인할 수 있다. 특정 환경은 인지적 기능 회복에 도움을 주며, 특히 자연환경은 효과적인 레스토러티브 공간으로 간주된다. 자연환경은 '자발적 주의력'을 향상하는데, 이는 자연처럼 즐겁고 흥미로운 환경에서 노력 없이 발휘되는 주의력이다. 장기간의 작업에서 나오는 집중력 감소, 산만함, 짜증, 피로를 줄이고 인지적 기능을 회복시키는 데 도움을 준다. 탐색하고 싶은 욕구를 자극하고, 더 넓은 관점에서 사물을 볼 수 있게 한다. 자연에서 시간을 보내는 것은 인지의 초점을 강박적인 주제에서 벗어나게 하는 가장 효과적인 방법 중 하나다. 오늘 잠시 하늘을 올려다보고 바람을 맞으며 스스로에게 물어보자.

'나는 지금 얼마나 자연과 연결되어 있는가?'

'나는 지금 얼마나 내 삶에 자유로운가?'

이 질문에 대한 작은 성찰이 트라우마 이후의 삶을 더 부드럽고 깊이 있는 치유의 길로 이끌어 줄 것이다. 지금 자연과 연결되는 그 한 걸음이 곧 자유의 시작이다.

삶의 방향을 바꾸는 질문

삶의 의미를 묻는 첫걸음

삶의 의미 찾기에 대해 본격적으로 논의하기에 앞서, 먼저 삶의 의미에 대한 나의 현재 위치를 간단히 점검해 보자. '삶의 의미 설문지meaning in life questionnaire, MLQ'는 많은 심리학 연구에서 사용된 자기 평가 도구로, 우리가 삶의 의미를 '가지는지' 그리고 삶의 의미를 '탐색하는지' 생각할 수 있도록 돕는다.

 삶의 의미를 가진다는 것은 단지 철학적인 질문이 아니다. 트라우마 이후의 삶에서 의미를 어떻게 재구성하느냐는 회복과 성장의 핵심이다. 트라우마는 우리 삶의 틀을 무너뜨리고 세상과 나 자신,

표 5 **삶의 의미 설문지**

각 문항을 읽고 '그렇다/아니다' 또는 '높음/보통/낮음' 정도로만 답해 보더라도, 스스로의 내면을 탐색하는 데 큰 도움이 될 것이다.

	내용	확인
1	나는 내 삶의 의미를 이해한다.	
2	나는 내 삶을 의미 있게 만드는 무언가를 찾는 중이다.	
3	나는 항상 내 삶의 목적을 찾기 위해 노력한다.	
4	내 삶은 명확한 목적을 가졌다.	
5	나는 내 삶을 어떻게 하면 의미 있게 만들 수 있는지 잘 안다.	
6	나는 만족스러운 삶의 목적을 발견했다.	
7	나는 내 삶을 중요하게 만드는 무언가를 항상 찾는 중이다.	
8	나는 내 삶의 목적이나 사명을 찾는 중이다.	
9	내 삶은 명확한 목적이 없다.	
10	나는 내 삶에서 의미를 찾는 중이다.	

타인에 대한 믿음을 근본적으로 흔들어 놓는다. 그로 인해 많은 사람은 '왜 이런 일이 나에게 일어났을까?', '이 경험은 내 삶에서 어떤 의미를 가질까?'라는 질문을 던지게 된다.

심리학자 칼 E. 웨익Karl E. Weick은 바로 이러한 의미 만들기 과정이 인간 삶에서 얼마나 중요한지를 강조했다. 그는 복잡하고 예측 불가능한 현대 사회 속에서 인간이 어떻게 자신만의 의미 체계를 구성하며 살아가는지를 연구했다. 의미 만들기는 단지 사건을 해석하는 작업이 아니라, 우리가 앞으로 어떻게 살아갈지를 결정짓는 내적 지침이 된다.

의미 만들기의 예는 우리 일상 속에서도 쉽게 찾아볼 수 있다. 예를 들어, 초등학교 때 친구가 건넨 사과는 단순히 달콤한 간식이었지만, 시간이 지나면서 건강의 상징이 되기도 하고, 불쾌한 경험을 통해 경계의 대상이 되기도 한다. 이처럼 동일한 사물이라도 우리 삶의 맥락과 감정, 경험에 따라 의미는 지속적으로 변화한다.

트라우마 이후에도 마찬가지다. 처음에는 그 사건이 고통, 상실, 분노의 상징으로 다가온다. 하지만 시간이 흐르고 내면 정리와 치유가 이루어지면, 그 사건은 생존, 회복 그리고 전환의 계기로 재해석될 수 있다. 트라우마 이후의 삶은 의미가 무너진 자리에 새로운 의미를 창조하는 여정이다.

트라우마 후 성장은 바로 이러한 '의미 재구성'의 힘에서 출발한다. 상처와 고통을 겪은 뒤 삶의 본질을 다시 묻고, 자신과 세상에 대해 새로운 관계를 만들어 가는 것이다. '삶의 의미 설문지'와 같은 도구를 통해 자신의 현재 상태를 점검하고, 잃어버린 의미를 되찾기 위한 탐색을 시작해 보자. 나만의 사과는 지금 어떤 의미를 지녔는가? 내가 겪은 그 사건은 이제 내 삶에서 어떤 이름을 갖게 되었는가?

지금 이 순간부터, 작고 구체적인 의미 찾기를 시작해 보자. 의미는 거창한 깨달음이 아니라 삶 속에서 관계를 회복하고, 감정을 돌보며, 내가 중요하게 여기는 것과 다시 연결되는 데서 시작된다.

'내가 무엇을 잃었는지 명확히 말할 수 있는가?'

'그 잃음은 내게 어떤 감정과 신념을 남겼는가?'

'그 신념은 지금 나의 삶을 어떻게 제한하는가?'

'이제 나는 어떤 새로운 믿음, 가치를 만들어 나가고 싶은가?'

'새로운 의미는 나의 일상, 관계, 미래 계획 속에서 어떻게 구체화될 수 있는가?'

로고세러피로 의미 만들기 연습하기

자극(스트레스 경험)과 우리의 반응 사이에는 공간이 있다. 그 공간 안에는 우리가 어떻게 스트레스에 반응할지에 대한 선택의 힘이 있다. 즉, 우리의 반응에는 성장과 자유가 담겨 있다.

"인간에게 모든 것을 빼앗아 갈 수 있지만, 하나만은 빼앗을 수 없다. 주어진 상황에서 자신의 태도를 선택하는 마지막 인간의 자유, 바로 자신의 길을 선택하는 자유다." 빅토르 프랑클 Viktor Frankl 이 한 말이다. 그는 정신과 의사로 나치 수용소에서 홀로코스트 The Holocaust를 겪고 살아남았다. 트라우마를 겪고 살아남은 본인의 경험을 바탕으로 그는 로고세러피 logotherapy라는 독특한 심리 치료법을 개발했다. '의미'라는 뜻의 그리스어 '로고스 logos'에 어원을 둔 로

고세러피는 삶의 깊은 의미를 탐구하는 것이 인간의 근본적인 욕구라고 주장했다.

수용소에서 가장 오래 살아남은 사람들은 육체적으로 강인한 사람이 아니라, 환경에 대한 통제력을 유지한 사람이었다. 그들에게는 살아갈 이유와 목적이 있었다. 예를 들어, 중요한 임무를 완수해야 한다는 책임감, 사랑하는 사람과의 재회를 바라는 마음, 또는 전쟁이 끝난 후 자신의 이야기를 전하고자 하는 욕구 등이 그들을 살아가게 했다.

의미 있는 삶이란 스스로의 존재와 일상 행동에 대해 확신과 명확한 이유를 가진 상태를 말한다. 이렇게 삶의 의미를 찾는 행위 자체가 로고세러피의 중심이다. 이는 곧 개인이 자신의 삶과 행동에 대해 더 깊이 이해하고, 스스로를 더욱 긍정적으로 평가하게 만든다. 그 결과 다양한 트라우마와의 싸움에서도 한발 앞설 수 있게 된다.

로고세러피는 우울증, 불안, 중독과 같은 다양한 정신 건강 문제에 효과적이라고 알려져 있다. 로고세러피 전문가의 도움을 받는 것이 이상적이겠지만, 그 기본 원칙을 이해하고 일상에 적용함으로써 스스로 트라우마에서 성장을 도모할 수 있다.

나에게 깊은 질문 던지기

다음과 같은 질문을 통해 삶의 의미와 목표에 대해 깊이 고민하는 시간을 가져 보자.

- 나의 과거에서 가장 의미 있었던 순간은 언제였는가?
- 내가 겪었던 어려움 중 나를 성장시킨 경험은 무엇인가?
- 나는 어떤 상황에서 가장 행복하다고 느끼는가?
- 내가 타인에게 어떤 긍정적 영향을 줄 수 있다고 생각하는가?
- 물질적, 경제적, 사회적 성취를 제외하고, 내게 '성공'이란 무엇인가?
- 나의 인생에서 가장 큰 두려움은 무엇이며, 그것을 극복하기 위해 무엇을 할 수 있는가?
- 나는 무엇을 위해 살아가는가?
- 내 삶에서 나를 제한하는 요소는 무엇이며, 이를 어떻게 극복하고자 하는가?
- 10년 후, 나는 지금의 나에게 어떤 조언을 해 주고 싶은가?
- 만약 내 인생에 남은 시간이 1년밖에 없다면, 그 시간을 어떻게 보내고 싶은가?

나의 가치와 현재의 삶 비교하기

자신의 가치와 현재의 삶이 어떻게 연결되어 있는지 파악하는 한 가지 방법은 일상의 행동과 의사 결정을 기록하는 것이다. 예를 들어, 일주일 동안 매일 일기를 쓰면서 그날의 행동이나 선택이 자신의 가치관과 어떻게 연결되는지 적는 것이다. '오늘 나는 친구와의 관계를 중시하는 내 가치관을 따라, 오랜만에 친구와 소중한 시간을 보냈다'라는 식으로 매일의 행동을 가치와 연결해 기록하는 것이다.

이렇게 일상의 선택과 가치를 비교하며 기록하다 보면, 우리는 얼마나 많은 불일치가 있는지 깨닫게 된다. 가장 대표적인 예로, 많은 사람이 인생의 의미와 가치가 무엇이냐는 질문에 '가족'을 가장 중요하게 생각한다고 대답한다. 하지만 매일, 매주, 매달의 시간을 어떻게 보내는지, 어떤 행동과 결정을 하는지를 보면 진정 그 사람이 가족을 중요하게 생각하는지 의심이 든다. 실제로는 가족과의 시간을 충분히 갖지 않고, 가족을 위한 행동이나 결정을 내리지 않기 때문이다.

이처럼 우리는 어떤 것을 막연히 중요한 삶의 의미와 우선순위로 생각하면서도 실제로는 그렇게 행동하지 않는다. 왜 그럴까? 그 이유가 무엇인지 깊게 고민해야 한다. 다음과 같은 원인인가? 아니면 또 다른 원인이 있는 것인가?

첫 번째, 일과 직장 스트레스다. 많은 사람이 직장이나 학교에서의 스트레스로 가족과의 시간을 충분히 보내지 못한다. 매일의 바쁜 일상 속에서 잠깐 여유를 찾는 것조차 쉽지 않기 때문이다. 두 번째, 기술 중독이다. 스마트폰, 컴퓨터, TV와 같은 전자기기에 너무 많은 시간을 쏟다 보면 가족과 보내는 시간이 자연히 줄어든다. 이는 현대 사회에서 흔히 볼 수 있는 문제다. 세 번째, 가치관의 변화다. 사회의 변화와 함께 개인의 가치관도 변한다. 예를 들어, 어떤 사람들은 개인의 성취나 경력을 가족보다 더 중요하게 여긴다. 그렇다면 가족이 진정으로 가장 소중한 가치인가, 아니면 다른 것들이 더 우선순위에 있는가? 마지막으로 의사소통 부재다. 가족 구성원 간에 충분한 소통이 이루어지지 않으면 각자의 일상에만 몰두하게 되고, 자연스레 가족과의 시간이 줄어든다.

지금까지 살펴본 것처럼 그 원인을 깊게 생각하는 과정에서 때로는 쉽게 삶의 의미를 찾을 수도 있고, 때로는 중요한 삶의 의미가 추측했던 것과 다르다는 것을 알게 될 수도 있다.

'내 가치관이나 신념이 현재의 삶과 얼마나 잘 부합하는가?'
'내게 중요한 가치는 A인데, 실제로 내가 사는 삶은 B인가?'
'왜 나의 가치관과 실제 삶 사이에 큰 간극이 존재하는가?'
'내 삶의 방향성을 재평가하고, 어떤 결정을 내려야 하는가?'

가치관과 일상의 괴리 줄이기

우리는 종종 생각과 행동 사이의 큰 괴리를 느낀다. 앞의 예시처럼 머릿속으로 중요하게 여기는 가치와 실제 행동 간의 불일치는 삶의 혼란과 불만족을 유발한다. 이를 해결하려면 의도적이고 구체적인 목표 설정이 필요하다. 예컨대, 가족과의 질 높은 시간을 중요하게 생각한다면 '이번 주말에는 가족과 함께 저녁 식사를 하며 시간을 보낸다'라는 구체적인 목표를 세울 수 있다. 또한, 친구와의 관계를 소중하게 여긴다면 '매주 목요일 저녁은 친구와의 약속 시간으로 비운다'라는 목표를 세울 수 있다.

목표를 설정한 후에는 그것을 지키는 것이 중요하다. 주기적인 자기반성의 시간을 갖는 것도 좋은 방법이다. 예를 들어, 한 달에 한 번 자신의 가치와 행동의 일치도를 평가해 보자. 이를 통해 어떤 목표가 잘 이루어졌고, 어떤 부분에서 조정이 필요한지를 파악할 수 있다. 필요하다면 목표를 수정하고 다시 시작해도 된다.

인환은 50대 중반의 남성으로 어린 시절부터 다양한 형태의 트라우마를 경험했다. 그에게 가장 깊은 상처로 남은 사건은 어린 시절 부모가 갑작스럽게 세상을 떠난 일이었다. 그 사건은 그에게 지워지지 않는 외로움과 상실감을 남겼고, 그는 성장 내내 그 감정과 함께 살아야 했다.

최근 몇 년간 인환의 삶은 연속적인 고난의 시간이었다. 아내와의 이혼, 자녀들과의 관계 단절은 그에게 또 다른 상실감을 안겼고, 그는 그 고통을 견디기 위해 알코올과 도박에 의존했다. 이러한 방식은 일시적인 도피처를 제공했지만, 근본적인 치유를 가져다주지는 못했다.

인환은 로고세러피를 통해 자신의 과거 트라우마와 현재의 삶이 어떻게 연결되어 있는지 깊이 탐색하기 시작했다. 이 과정에서 그는 자신 안에 여전히 의미를 발견할 수 있는 공간이 존재함을 깨닫게 되었다.

의미의 발견

Q: 나의 과거에서 가장 의미 있었던 순간은 언제였는가?

A: 대학 졸업식이다. 가족 모두가 나를 자랑스러워했던 그 순간, 나의 노력이 의미 있었음을 깨달았다.

Q: 내가 겪었던 어려움 중에서 나를 성장시킨 경험은 무엇인가?

A: 회사에서 큰 프로젝트를 실패했을 때였다. 그 경험을 통해 스스로를 더 잘 알게 되었고, 어려움을 극복하는 방법도 배웠다.

Q: 나는 어떤 상황에서 가장 행복하다고 느끼는가?

A: 아내, 아이들과 함께 휴가를 떠날 때, 그리고 친구들과 함께 웃고 이야기할 때 행복함을 느낀다.

Q: 내가 타인에게 어떤 긍정적 영향을 줄 수 있다고 생각하는가?
A: 나의 성실함과 노력으로 주변 사람에게 진정한 헌신과 열정의 중요성을 전하고 싶다.

Q: 물질적, 경제적, 사회적 성취를 제외하고, 내게 성공이란 무엇인가?
A: 내 가족과 주변 사람이 행복하고, 스스로 삶의 방향성에 만족할 때가 진정한 성공이라고 생각한다.

Q: 나의 인생에서 가장 큰 두려움은 무엇이며, 그것을 극복하기 위해 무엇을 할 수 있는가?
A: 가족을 잃는 것이 가장 큰 두려움이다. 그 두려움을 극복하기 위해 사랑을 자주 표현하고, 함께하는 시간을 소중히 하려 노력한다.

Q: 나는 무엇을 위해 살아가는가?
A: 가족의 행복과 나 자신의 성장을 위해 살아간다.

Q: 내 삶에서 나를 제한하는 요소는 무엇이며, 이를 어떻게 극복하고자 하는가?
A: 과거의 실패와 트라우마 때문에 자주 자신감을 잃는다. 이를 극복하기 위해 치료를 받고, 독서나 명상을 통해 내면의 평화를 찾으려 노력한다.

Q: 10년 후, 나는 지금의 나에게 어떤 조언을 해 주고 싶은가?
A: 너의 가치를 의심하지 마라. 모든 경험이 너를 성장시키는 데 도움이 될 것이다.

Q: 만약 내 인생에 남은 시간이 1년밖에 없다면, 그 시간을 어떻게

보내고 싶은가?

A: 가족과 함께 세상의 아름다운 곳을 여행하며, 모든 순간을 소중히 보내고 싶다.

새로운 목표 설정

가치와 우선순위 재평가

Q: 나의 삶에서 가장 중요하게 생각하는 가치는 무엇인가?

A: 나는 가족과 건강을 가장 중요하게 생각한다.

아이와의 관계 평가

Q: 아이들과 현재 관계는 어떠한가? 나는 그 관계를 어떻게 느끼는가?

A: 아이들과의 소통이 부족하다고 느낀다. 더 많은 시간을 함께 보내고 싶다.

건강한 삶에 대한 정의

Q: 건강한 삶이란 나에게 어떤 의미인가?

A: 정신적, 육체적으로 균형 잡힌 삶, 스트레스 없이 일상을 즐기는 삶을 의미한다.

구체적인 행동 계획 설정

Q: 아이들과의 관계를 어떻게 재건할 것인가?

A: 주말마다 아이들과 함께하는 시간을 만들겠다. 또, 매일 아침 조깅을 시작하고, 배달 음식 섭취를 줄이기로 했다.

목표에 대한 의지 강화
Q: 새로운 목표를 설정했다. 그 목표를 이루기 위한 의지는 어떠한가?
A: 아이들과의 관계 회복과 건강한 삶을 위해 최선을 다할 것이다.

목표 달성을 위한 도움
Q: 목표 달성을 위해 필요한 지원이나 도움은 무엇이 있는가?
A: 아이들과의 활동을 계획할 때 친구나 부모님의 조언을 구하고, 건강한 삶을 위해 전문가의 조언도 구할 생각이다.

삶의 의미에 감사하기

감사는 삶의 의미를 다시 만드는 가장 조용하고 실천적인 방법이다. 감사는 무엇을 받았는지 인식하는 데서 시작하지만, 궁극적으로는 삶이 여전히 나에게 무언가를 준다는 사실을 받아들이는 감정적 태도다. 트라우마로 인해 '나는 빼앗겼다'는 감정이 깊게 자리 잡은 사람에게 감사는 '나는 여전히 받고 있다'는 감각으로 삶을 되돌리는 힘이 있다.

감사는 의미를 '만드는' 과정이다. 고통 속에서도 작은 친절을 인식하고, 일상에서 받은 것을 표현하는 순간들 안에서 우리는 삶의 서사를 다시 엮기 시작한다. 그것은 감사한 마음을 가져야 한다는 당위가 아니라, 감사를 통해 삶이 다시 관계를 맺기 시작하는 경험이다.

미국에서 만난 한국인 친구가 있다. 그 친구는 미국인 배우자와 사는데, 어느 날 둘이 한바탕 싸운 이야기를 내게 했다. 평소 남편이 식사 준비를 잘 하지 않는데, 그날은 친구가 직장 업무를 급하게 처리하느라 집에서 일을 하는 중이었고, 식사 시간이 되자 남편이 뭔가를 나름 준비했다. 일을 모두 끝낸 후 홀가분한 마음으로 저녁 식사를 했고, 남편이 차린 음식을 맛있게 먹었다. 일도 끝나고 배도 부르고 모든 게 평화로운 저녁이었다. 그런데 갑자기 남편이 역력히 기분 나쁘다는 표정을 지었다. 남편은 자기가 열심히 식사를 준비했는데, 고맙다는 말 한마디 없었다는 것에 불만을 토로했다. 친구는 고맙다는 말을 안 한 것은 맞지만 기가 막혔다. 첫째, 나는 매일 밥상을 차리는데. 둘째, 꼭 말로 고맙다고 해야 돼?

이 이야기에는 여러 가지 사회적 문제가 깔려 있다. 아내의 역할, 가사 분담 문제 등등. 하지만 '감사'라는 측면에서 이야기를 들어 보면 문화 차이가 확연히 느껴진다. 우리는 감사함을 말로 표현하는 데 인색하다. 감정 표현에 인색한 것처럼 감사에도 인색하다. '감사하니까 훗날 은혜에 보답해야지'라고 마음을 먹거나, 혹은 '당연한 일에 감사까지 할 필요 있나'라고 생각하기도 한다. 표현에 인색해지면 감사하는 마음조차 사라지기 쉽다. 누군가 뭘 해 주는 것이 의무이자 당연한 일이라고 여기기 쉽다. 그래서 당연히 받아야 한다고 생각했던 것을 받지 못하면, 기분이 상하고 불만이 생긴다.

관점을 좀 바꿔 보면 어떨까? 타인은 나에게 아무것도 해 줄 의무나 도리가 없다. 가족도 예외는 아니다. 아주 사소한 것이라도 받았다면 그건 무한한 감사를 표현해야 할 일이다. 매일 내가 받는 것을 생각해 보자. 어머니가 새벽부터 일어나 차려 주신, 비록 입맛에 안 맞을지라도 정성 어린 밥상에 감사하자. 아내가 퇴근길에 피곤한 몸으로 장을 봐 온 비싼 소고기에도 감사하자. 친구의 생일 축하 문자 한 통에도 진심으로 감사하자. 어느 누구든 나를 위해 밥을 차려 줄 필요도, 장을 봐 줄 이유도, 시간을 내어 축하 메시지를 보낼 의무도 없으니 나는 마땅히 감사해야 한다.

감사는 많은 유익한 효과를 낳는다. 감사하는 습관은 스트레스를 줄이고, 긍정적인 감정을 증가시킨다. 타인에게 감사를 표현하면 관계가 더 깊고 건강하게 발전한다. 감사하는 마음은 삶의 만족도를 높이고, 일상을 더욱 풍요롭게 만든다.

감사 연습은 일상을 변화시키며, 이를 통해 우리는 현재에 더욱 집중하고, 미래를 향한 긍정적인 에너지를 발산할 수 있다. 이러한 작은 실천이 모여 우리의 일상이 더욱 의미 있고 풍성해진다. 다음과 같은 전략을 오늘부터 실천해 보자.

감사 일기

어느 날, 윤지는 퇴근길에 우연히 작은 공원을 지나가다 한 노인이 새들에게 먹이를 주는 모습을 봤다. 그 장면이 너무나 평화롭고 따뜻해서 그 순간을 감사 일기에 기록했다.

"오늘 작은 공원에서 한 노인이 새들에게 먹이 주는 모습을 봤다. 그 순간의 평화로움과 자연의 아름다움에 감동받았다. 이런 순간을 갖게 된 것에 감사한다."

그 순간의 아름다움을 기록하며, 그날의 긍정적인 기억을 영원히 간직할 수 있었다.

감사 표현

준호는 오랜만에 고등학교 친구인 현진에게 전화를 받았다. 현진은 준호에게 그동안 자주 연락하지 못해 미안하다고 말했다. 준호는 "네 덕분에 오늘 하루가 훨씬 밝아졌어. 고마워"라고 답했다. 그 한마디 감사 인사로 두 사람의 관계는 더욱 깊어졌다.

감사 시간

연순은 매일 아침 출근 전, '5분의 감사 시간'을 가졌다. 어느 날, 연순은 이웃 아주머니가 만든 김치를 먹으며 그 맛에 감탄했다. 그녀는 아주머니에게 감사의 마음을 가지며 그날의 아침 시간을 보냈다. 이렇게 긍정적인 생각을 떠올리면 하루를 기분 좋게 시작할 수 있다.

트라우마라는 거대한 파도를 지나온 당신이 그 모든 시간을 견뎌 내고, 여전히 '지금 이 순간'을 살아가고 있다는 사실. 그것만으로도 우리는 서로에게 그리고 자신에게 깊은 감사를 전할 수 있다.

다시 괜찮아질 수 있다는 증거들

자가 노출 요법

어릴 때 나는 무대 공포증이 있었다. 그 시절에는 '패닉'이나 '불안장애'라는 개념이 생소했지만, 지금 돌이켜 보면 그때의 나는 분명히 그러한 감정을 느꼈다. 가장 기억에 남는 순간은 유치원 시절이다. 개미와 베짱이 이야기를 외워 많은 어른들 앞에서 발표를 해야 했다. 커튼이 열리자 선생님이 나를 무대로 밀었다. 수많은 시선, 박수 소리 그리고 어두운 무대 위 나만을 비춘 조명. 거기에 선 작은 나는 무엇부터 이야기해야 할지 헷갈렸다.

"개미가… 아니, 베짱이가…."

결국 눈물이 방울방울 작은 눈에 맺혔다. 어른들은 그 모습을 보고 폭포처럼 웃었다. 지금 생각해 보면 아마 그 행사의 하이라이트였을 테고, 귀여운 이벤트로 기억되었을 것이다. 그들에게는 아이의 귀여운 실수로 보였을 이 사건이 나에게는 무대에 선 공포를 각인시킨 사건이 되었다.

무대에 선다는 것은 나에게 항상 어려운 일이었다. 발표나 연설 등을 준비하며 느끼는 그 긴장과 불안은 때로는 잠깐의 두려움으로 느껴질 때도 있었지만, 어떤 때는 나의 과거 트라우마와 직결된 무언가로 느껴졌다. 무대가 너무 무서워서 발표를 피하고, 대화를 피하는 등 이런 회피 방식을 선택했다면 나는 아마도 지금의 삶을 살 수 없었을 것이다. 하지만 나는 성장해서 수백 명 앞에서 연설을 하고, 매일같이 학생들 앞에서 수업을 한다. 나는 스스로도 모르는 사이 '자가 노출 요법'을 통해 트라우마를 이겨 냈다.

두려운 상황이나 대상에 직면할 때, 그 상황을 피하려는 우리의 반응은 자연스럽고 본능적인 것이다. 바보가 아니고서야 나를 괴롭게 하는 상황에서 피하는 것이 당연하다. 그러나 때로는 피하는 것이 문제를 더 악화시킨다. 이런 경우 노출 요법이 그 해답이 될 수 있다. 노출 요법은 트라우마 트리거를 직면하고 그로 인한 감정적 반응을 완화하는 데 큰 도움을 주는 중요한 치료법이다. 노출 요법은 천천히 그리고 안전한 환경에서 트라우마와 관련된 상황이나 기억에 점차로 가까워지도록 하는 것이다.

노출 요법에는 상상 노출과 실제 상황 노출이 있다. 상상 노출은 안전한 환경에서 특정 상황이나 대상을 상상하는 것을 중심으로 한다. 반면, 실제 상황 노출은 실제로 두려워하는 상황을 점진적으로 경험하는 것에 중점을 둔다. 낮은 단계로 시작해서 상상 노출을 거친 뒤, 실제 상황에 노출하고 점차로 일상의 한 부분이 되도록 연습한다.

재현은 수년 전 비행기 사고를 직접 겪은 이후로 다시는 비행기를 타지 못하게 되었다. 사고 이후 그는 비행기라는 교통수단만 피한 것이 아니라, 그것과 연관된 모든 감각과 기억을 함께 피하게 되었다. 공항, 이착륙하는 소리, 좁은 좌석, 안전벨트, 기내 안내 방송까지. 이 모든 것이 불안과 공포를 불러일으켰다.

하지만 시간이 지나면서, 재현은 비행기를 타지 못해 잃어버리는 일상의 기회를 실감했다. 해외에 거주하는 가족을 방문하지 못했고, 업무상 중요한 출장도 포기해야 했다. 그는 더 이상 회피만으로는 살고 싶은 삶을 살아갈 수 없다는 생각에 점진적인 노출을 시도해 보기로 결심했다.

처음에 그는 단순히 비행기 사진을 들여다보는 것부터 시작했다. 비행기 내부, 창밖의 하늘, 활주로를 달리는 장면 등을 눈으로 익혔다. 그다음에는 공항 근처를 산책하며 비행기 이착륙 소리를 들었고, 그 과정에서 몸의 반응을 세심히 관찰하고 기록했다. 심장박동이 빨라지거나 손에 땀이 날 때면 심호흡을 하며 현재에 머물려고 애썼다.

노출의 강도는 점차 높아졌다. 공항 대합실에 앉아 일정 시간 머무는 연습을 했고, 이후에는 단거리 체험 비행 프로그램에 참여해 기내에 직접 탑승했다. 처음에는 비행기 출입문 앞에 서 있는 것조차 긴장되었지만, 자신의 불안을 억지로 없애기보다 그 불안을 알아차리고 받아들이는 태도를 유지했다. 재현은 이러한 과정을 수개월에 걸쳐 반복하며, 매번 자신의 감정과 신체 반응을 일기처럼 기록했다. 불안은 여전히 존재했지만, 그것을 조절할 수 있는 감각 또한 함께 길러졌다.

결국 그는 가까운 도시로의 국내선 항공편을 직접 예약하고, 비행기를 타는 데에 성공했다. 여전히 완전히 편안하지는 않았지만, 그는 더 이상 자신을 '비행기를 타지 못하는 사람'이라고 정의하지 않았다. 오히려 그는 어려움을 직면하고, 감정을 견디고, 원하는 삶에 한 걸음 다가간 사람이었다.

트라우마 이후 우리는 종종 위험한 상황뿐 아니라 그와 관련된 감각, 장소, 사람, 심지어는 가능성 자체를 피하면서 자신을 점점 더 좁은 공간에 가둔다. 하지만 회복은 때로 아주 작은 시도에서 시작된다. 낯익은 장면 떠올려 보기, 소리나 냄새에 주의 기울여 보기, 불안한 공간 근처에 가 보기. 이러한 시도가 반복되면서 감정과 기억은 조금씩 새로운 방식으로 재구성되기 시작한다.

노출은 고통을 다시 꺼내는 일이 아니라, 고통에 눌리지 않고 내가 원하는 방향으로 삶을 다시 조율하는 과정이다. 이 과정은 쉽지 않을 수 있다. 불안은 다시 올라오고, 회피하고 싶은 충동은 반복된다. 그러나 중요한 것은 완벽하게 해내는 것이 아니라, 의미 있는 삶을 향해 작고 안전한 발걸음을 이어 가는 것이다.

자신의 삶 속에서 회피하거나 두려워했던 지점이 있다면 그것을 떠올려 보자. 지금 당장은 가까이 가지 않아도 좋다. 그저 그 장면을 상상하고, 그 감정과 반응을 천천히 바라보는 것부터가 자가 노출 요법의 시작이다. 회복은 끝이 정해진 길이 아니라, 한 걸음씩 나를 다시 살아 있는 삶으로 이끄는 실천이다.

트라우마 후 사랑

사랑과 성^性의 영역에서 발생하는 트라우마는 삶의 다른 영역과는 또 다른 방식으로 우리를 흔든다. 사랑은 친밀함, 신뢰감, 상호작용 위에 세워지는 관계이다 보니, 그만큼 우리 존재의 깊은 부위를 건드리는 경험이기도 하다. 특히 성폭력이나 성적 경계를 침해당한 경험은 이후의 사랑과 성적 친밀감 속에서 여전히 예상치 못한 방식으로 반복되거나 재현될 수 있다.

어린 시절 성폭력 피해를 겪은 이들이 성인이 되어 사랑하는 사람과 성관계를 맺으려 할 때, 과거의 기억이 떠오르며 혼란스럽고 모순된 감정이 일어나는 경우가 많다. 한편으로는 사랑하고 싶고 신뢰하고 싶지만, 다른 한편으로는 불안, 회피, 긴장, 심한 경우에는 플래시백과 함께 감정적 단절이나 신체적 경직이 나타나기도 한다.

이런 경험은 자신을 탓하게 만들 수 있고, 때로는 '나는 사랑을 받아도 되는 사람인가?', '이런 감정이 드는 내가 이상한가?'라는 내적 비난과 의심으로 이어지기도 한다. 그러나 이러한 반응은 정상적인 트라우마 반응이며, 신체와 마음이 과거의 위협에 대비하기 위해 형성한 생존 전략의 흔적일 뿐이다. 트라우마를 가진 사람이 성적 친밀함을 시도하려 할 때, 가장 먼저 필요한 것은 자신의 감정에 귀를 기울이고, 현재의 상황을 점검하는 일이다.

'나는 지금 이 사람과의 관계를 진심으로 원하는가?'

'이 순간은 나에게 안전하고, 존중받는 경험이 될 수 있는가?'

이 질문은 나의 욕구를 명확하게 인식하고, 현재의 관계와 과거의 트라우마를 구분 짓는 데 중요한 역할을 한다. 단지 누군가를 기쁘게 하기 위해, 또는 관계를 유지하기 위해 압박 속에서 감정을 억누르고 관계를 지속하는 것은 오히려 트라우마 반응을 심화시킨다.

성관계를 시도하는 중에 플래시백이나 불안 반응이 나타날 수도 있다. 예를 들어 특정한 손길, 자세, 소리, 말투 등이 과거의 경험을 환기시키는 트리거로 작용할 수 있다. 이럴 때 중요한 것은 그런 반응이 나타났다는 사실 자체를 부정하거나 억누르기보다 그것을 인식하고 안전하게 다루는 방법을 마련하는 것이다.

깊은 호흡을 통해 현재의 공간을 확인하고, 감각에 집중하면서 '지금 나는 안전하다'고 스스로에게 상기시키는 연습은 중요한 회복 전략 중 하나다. 그리고 무엇보다 트라우마 반응이 일어났을 때 그 상황을 언제든지 중단하거나, 속도를 조절하거나, 방식을 바꾸는 선택과 권한이 나에게 있다는 것을 기억해야 한다. 관계에서의 주도권은 항상 자신에게 있어야 하며, 그 선택은 절대적으로 존중받아야 한다.

트라우마를 경험한 사람이 새로운 관계를 맺을 때, 그 과정이 보다 안전하고 의미 있는 경험이 되기 위해서는 상대와의 소통이 필수적이다. 자신이 어떤 상황에서 불안감을 느끼는지, 무엇이 도움이 되고 어떤 방식이 더 편안한지 그리고 어떤 행동은 피하고 싶은지를 공유할 수 있다면, 신뢰와 친밀감은 더욱 깊어질 것이다.

이때 중요한 것은 상대방이 트라우마 경험자의 이야기를 판단 없이 듣고, 그 사람이 느끼는 감정과 경계를 전적으로 존중해야 한다는 점이다. 어떤 경우에도 상대방이 '괜찮다'고 말하는 것만으로 충분히 동의했다고 간주해서는 안 되며, 늘 그 사람의 표정, 몸의 긴장, 감정의 변화를 주의 깊게 살피고 배려하는 태도가 필요하다.

성적 친밀감 속에서 트라우마 반응이 나타났을 때 스스로를 돌볼 수 있는 몇 가지 실천 방법을 소개한다. 이 방법은 감정적 안정과 자기 조절을 돕고, 관계 속에서의 통제감을 회복하는 데 유용하다.

첫째, 깊게 숨 쉬고 현재에 집중하기. 어려운 감정이 올라올 때, 복식호흡을 하며 시선과 감각을 주변 환경으로 돌려보자. 지금 이 순간, 이 공간이 안전하다는 것을 몸과 마음이 인식할 수 있도록 해 보자. 방 안의 공기 흐름, 손에 닿는 이불의 촉감 등을 천천히 느끼며 '나는 지금 안전한 공간에 있다'고 되뇌어 보자.

둘째, 정지하거나 진행하기를 내가 선택하기. 불편한 감정이 느껴지면 잠시 멈춰 감정을 들여다보자. 진행을 멈출 수도 있고, 다른 방식으로 전환하거나, 천천히 다시 시작할 수도 있다. 중요한 것은 선택권이 내게 있다는 점이다.

셋째, 몰입과 회복을 위한 연습하기. 플래시백이나 불안이 반복될 경우, 의도적으로 현재 감각에 집중하는 연습이 도움 된다. 음악을 듣거나, 상대의 손을 가볍게 쥐는 것도 현재와 연결해 주는 지점이 된다.

넷째, 긍정적인 내면 메시지 활용하기. '나는 지금 내가 원하는 방식으로 사랑을 나누고 있다', '이 순간은 내가 선택한 시간이다'와 같은 문장을 반복함으로써 감정적 안정과 자기 확신을 돕는다.

사랑은 우리를 회복시키는 힘이다. 과거의 상처가 쉽게 사라지지는 않지만, 안전하고 존중받는 관계 안에서의 경험은 트라우마 기억을 서서히 다시 쓰는 계기가 된다. 사랑은 다시 신뢰할 수 있다는 감각, 서로를 배려하고 존중하는 방식으로 연결될 수 있다는 경험을 통해 조금씩 회복을 가능하게 한다.

    트라우마 이후에도 우리는 여전히 사랑할 수 있다. 그리고 무엇보다 중요한 것은 가장 먼저 나 자신을 안전하게 사랑할 수 있는 방식으로 관계를 열어 가는 것이다. 그 길 위에서 우리는 더 이상 상처받은 과거가 아닌, 회복을 향해 걸어가는 현재를 살게 된다.

감정의 파도에서
나를 지키는 일

트라우마 이후 세상 밖으로 나가는 연습을 할 때, 우리는 무엇보다 스스로를 보호하는 감각을 잃지 않아야 한다. 회복과 성장을 향해 나아가는 길은 단지 의지만으로 걸어갈 수 있는 길이 아니다. 그 여정에서 때때로 과거의 기억이 되살아나고, 마음 깊은 곳에 잠들어 있던 감정이 불쑥 모습을 드러내기도 한다.

트라우마와 밀접하게 연결된 감정 중 하나는 상실의 슬픔이다. 우리는 살아가는 동안 다양한 형태의 상실을 경험하며, 그에 따른 고유한 슬픔을 겪는다. 관계의 단절, 신뢰의 붕괴, 정체성의 흔들림, 혹은 나 자신을 잃어버린 듯한 감각까지. 이 모두는 애도의 과정을 필요로 하는 상실의 순간들이다.

트라우마에는 언제나 이런 상실의 그림자가 함께한다. 우리가 믿었던 가치, 사람, 신체 감각, 언어, 삶의 방향성 그리고 자기 자신에 대한 인식조차도 트라우마로 인해 무너질 수 있다. 이러한 상실의 경험은 현재의 감정에 영향을 줄 뿐 아니라, 과거의 슬픔과 억눌렸던 감정까지 함께 자극하는 강력한 정서적 트리거로 작용한다.

이처럼 트라우마 이후의 삶은 단순히 '이전으로 돌아가는 것'이 아닌, 상실을 통과하며 다시 삶을 구성하는 과정이다. 어떤 날은 내가 분명히 나아가고 있다는 확신이 들지만, 또 어떤 날은 감정이 요동치며 모든 것이 무너져 내리는 듯한 순간을 맞기도 한다. 성장의 길목에서 또는 평범해 보이는 일상의 한순간에서 맞닥뜨린 예기치 못한 위기나 감정의 파도는 우리를 다시 또 흔들 수 있다.

그래서 우리는 그 순간을 대비해 자기 회복을 위한 준비와 연습을 해야 한다. 감정의 소용돌이 속에서도 나를 잃지 않기 위해, 회복의 방향으로 되돌아올 수 있도록 돕는 구체적인 위기 극복 기술과 자기 돌봄 전략이 필요하다. 그것은 결코 약한 마음을 위한 대책이 아니라, 삶을 지키는 강인한 실천의 도구다.

위기 계획하기

트라우마 이후의 삶에서는 위기 상황이 다시 나타날 수 있다는 사실을 인식하는 것이 중요하다. 감정적으로 힘든 순간이나 돌발적인 반응은 오히려 자연스러운 회복의 일부다. 이런 상황에 미리 대비하고 준비하는 것은 두려움이 아닌, 회복을 위한 실천이자 자기 돌봄의 표현이다. 다음과 같은 질문을 스스로에게 던져 보자.

나는 어떤 상황을 '위기'라고 정의하는가?
감정이 통제되지 않거나, 일상 기능을 수행하기 어려워지는 순간은 어떤 모습인가? 그때 내 몸과 감정은 어떻게 반응하는가?

위기 상황에서 내가 연락할 수 있는 사람은 누구인가?
신뢰할 수 있는 친구, 가족, 혹은 전문가의 목록을 미리 정하고, 필요할 때 바로 연락할 수 있도록 준비하자. 지역사회 자원, 위기 상담 전화, 치료자 등의 정보도 함께 알아 두면 좋다.

위기 상황에서 내가 나를 위해 할 수 있는 일은 무엇인가?
침착함을 유지하기 위한 단계별 행동 계획을 세운다. 예를 들어, 안전한 공간으로 이동하기, 심호흡하기, 정서 조절 문장 반복하기 등 구체적인 행동을 포함해야 한다.

위기 이후 일상으로 돌아오기 위한 회복 루틴은 무엇인가?
회복을 도와줄 루틴을 미리 정해 두는 것이 중요하다. 좋아하는 장소로 산책 가기, 일정한 시간에 식사하기, 충분히 수면하기 같은 기본적인 생활 루틴도 큰 도움이 된다.

안전한 공간 마련하기

위기를 견디는 힘은 안전한 공간이 내게 있다는 믿음에서 비롯된다. 물리적 공간일 수도 있고, 심리적 지지 기반일 수도 있다. 중요한 것은 그 공간이 감정을 있는 그대로 느끼고 표현할 수 있는 곳이어야 한다는 것이다. 안전한 공간은 마음의 피난처다. 이 공간을 의식적으로 확인하고 유지하는 것은 회복의 여정에서 매우 중요한 자원이다. 다음 질문을 통해 나만의 안전한 공간을 설계해 보자.

내가 편안함을 느끼는 공간은 어디인가?
집 안의 작은 자리, 자주 가는 공원, 또는 특정한 사람과 함께 있는 순간이 될 수도 있다.

사회적 관계 안에서 나는 어떤 경계를 설정하는가?
내 감정과 에너지를 지키기 위해 어떤 관계에서는 일정한 거리를 유지할 필요가 있다. '괜찮다'고 말하지 않아도 되는, 진심을 털어놓을 수 있는 관계가 필요하다.

나를 지지해 주는 사람 또는 공동체는 누구인가?

나의 감정을 판단하지 않고 들어 주는 사람, 함께 있어 줄 수 있는 이들의 존재를 떠올려 보자.

주의 분산과 진정 기술 활용하기

트라우마 회복 과정에서 우리는 감정과 기억에 직면하는 연습을 하게 된다. 그러나 위기 상황에서는 일시적으로 감정의 강도를 줄이고 안정 상태를 회복하는 것이 더 우선일 수 있다. 그럴 때 사용할 수 있는 것이 바로 주의 분산과 자기 진정 기술이다. 이 기술은 우리가 감정의 폭풍에서 잠시 벗어나, 다시 중심을 잡을 수 있게 도와준다.

감각 자극을 활용한 안정화

따뜻한 목욕, 부드러운 담요, 향기로운 차, 조용한 음악 등 감각 자극을 통해 현재에 집중하는 감각을 회복해 본다.

몰입 활동을 통한 주의 전환

좋아하는 시를 소리 내어 읽기, 색칠하기, 조용한 게임 하기, 퍼즐 맞추기 등 다른 방향으로 주의를 돌려 본다.

신체 움직임을 통한 긴장 완화

가벼운 스트레칭, 걷기, 댄스, 요가 등 몸을 움직이는 활동은 정서적 긴장을 완화하는 데 효과적이다.

스스로를 안심시키는 말 사용

'지금 나는 안전하다', '이 순간만 지나면 나는 다시 괜찮아질 것이다'와 같은 말을 반복해 보자. 또는 나만의 문구를 만들어 사용해도 좋다. 그런 말들이 나에게 편안함과 안정감을 가져다줄 것이다.

    이러한 기술은 감정을 무시하거나 회피하기 위한 것이 아니다. 오히려 감정의 소용돌이 속에서 나를 무너뜨리지 않고 지키기 위한 보호막과도 같다. 위기는 피할 수 없는 것이 아니라, 준비할 수 있는 것이다. 준비된 우리는 더 이상 위기에 휘둘리지 않는다. 트라우마 이후의 삶은 두려움을 마주하고 자신을 돌보는 과정이며, 그 과정 안에는 언제나 회복과 성장의 가능성이 깃들어 있다. 스스로의 감정에 책임을 지고, 필요한 순간에는 멈추고 쉬어 가는 지혜를 발휘하는 것. 그것이야말로 세상 밖으로 나아가기 위한 진정한 용기다.

성장의 열쇠는 내 손에 있다

새로운 경험 추구

트라우마 후 성장의 개념을 집대성한 테데스키의 연구에 따르면, '개방성'과 '외향성'이라는 두 가지 성격 특성이 트라우마 후 성장에 큰 영향을 미친다. '개방성'이란 새로운 경험에 대해 활짝 열린 호기심을 의미한다. 이러한 특성을 가진 사람은 자신의 신념과 가치관을 재검토하며, 트라우마 경험을 새로운 관점에서 바라볼 준비가 되어 있다.

'외향성' 또한 새로운 경험과 깊게 연결되어 있다. 외향적인 사람은 새로운 상황이나 환경에서의 경험에 더욱 적극적으로 참여하며, 그 과정에서 다양한 사람들과 상호작용한다. 이런 상호작용은 새로운 경험을 통한 성장의 기회를 제공한다. 트라우마 후, 외향적인 사람은 타인과의 연결을 통해 지지와 공감을 얻는다. 이러한 사회적 지지는 트라우마를 극복하고 그 경험을 통한 성장의 발판으로 활용하는 데 큰 도움을 준다.

이처럼 개방성과 외향성이 트라우마 후 성장에 도움이 된다지만, 우리의 성향과 성격을 갑자기 개방적이고 외향적으로 바꿀 수는 없는 노릇이다. 다만, 성격을 완전히 바꿀 수는 없어도 개방성과 외향성이 제시하는 요소를 활용할 수는 있다. 예를 들어, 새로운 경험의 일환으로 창의적 활동을 적극 활용하여 트라우마 후 성장을 도울 수 있다. 창의적 활동이 우리 정신에 미치는 긍정적 영향은 매우 크다.

창의적 활동이 우리에게 주는 첫 번째 선물은 '마음의 여유'다. 이 활동은 우리의 생각과 감정을 솔직하게 표현하는 도구다. 그림을 그리거나 글을 쓰는 것처럼 자신의 감정과 생각을 다루고, 처리하고, 표현하게 되면 자아에 대한 깊은 탐구와 이해가 이루어진다. 또한, 창의적 활동은 뇌의 다른 부분을 활성화시켜 우리에게 새로운 시각이나 관점을 제공한다. 이로 인해 우리는 기존의 문제나 고민에 대한 새로운 해결책을 발견하거나 새로운 아이디어를 도출할 수 있다. 그리고 자신의 손으로 무언가를 창조하는 그 과정과 결과는 우리에게 큰 만족감과 성취감을 가져다준다.

더 나아가 창의적 활동은 종종 우리를 '플로flow'라는 특별한 상태로 인도한다. 이 플로 상태에서는 일상의 스트레스와 걱정에서 잠시 벗어나, 시간을 잊고 완전히 몰입하게 된다. 예를 들어, 화가가 완전히 그림에 빠져 다음에 그려야 할 선을 생각하지 않고 붓을 움직이거나, 작가가 순식간에 머리에서 손가락으로 단어가 흘러나오듯 글을 쓰는 것처럼 완전히 활동에 몰입하는 상태를 말한다. 우리 모두 좋아하는 일에 정신이 팔려 시간이 흐르는 것도 몰랐던 경험이 있을 것이다. 그것이 바로 플로다.

이제 새로운 경험을 추구하기 전에 몇 가지 구체적인 방안을 제안하고 싶다. 창의적 활동뿐만 아니라 다양한 경험을 통해 어떻게 자신의 삶을 더 풍요롭게 만들 수 있을지 깊게 고민하며, 그 경험을 적극적으로 추구해 보기 바란다. 이러한 노력은 트라우마 후 성장 과정에서 큰 도움이 될 것이다.

취미 및 활동 탐색

예술, 운동, 음악 등 다양한 분야에서 새로운 취미를 시작하여 다양한 경험을 쌓자. 개인의 감정과 생각을 창의적인 방식으로 표현해 보며, 내면의 감정을 해소하고 표현하는 기회를 얻을 수 있다.

여행

새로운 장소를 방문함으로써 다양한 문화와 사람들과의 만남을 통해 시야를 넓히자. 여행은 자아를 탐색하고, 새로운 환경에서의 적응 능력을 키우는 좋은 기회가 된다.

새로운 인간관계 형성
다양한 배경을 가진 사람들과의 만남은 새로운 관점과 경험을 제공한다. 새로운 친구나 동료를 만나며 상호 간의 지지와 이해를 나눌 수 있다.

지속적인 학습의 가치
다양한 영역에서 새로운 지식과 기술을 습득하여, 자기 발전의 길을 개척하자. 항상 새로운 것을 배우려는 자세를 갖추면, 삶이 지루해질 틈이 없고 계속해서 성장할 수 있다.

새로운 경험을 추구하는 것은 자신의 한계를 넘어서는 동시에, 삶의 질을 향상하고 개인적인 성장을 촉진하는 기회다. 이는 현재의 삶을 적극적으로 살아가며, 미래에 대한 긍정적인 전망을 형성하는 데 큰 도움을 준다. 트라우마 후 성장을 도모할 때 새로운 것에 집중함으로써 자연스럽게 성장에 다가갈 수 있다. 새로운 경험은 새로운 나를 만들어 준다.

문제 해결에서 통찰로

내 동생의 휴가 이야기다. 휴가철에 말레이시아를 방문한 동생은 공항에서 심각한 교통대란을 경험했다. 밤은 깊어지고, 비행기가 잇달아 결항되고 지연되면서 공항 일대는 아수라장이 되었다. 항공사는 천재지변을 이유로 책임을 회피했고, 설상가상으로 공항의 상점들은 하나둘 문을 닫기 시작했다.

그러자 휴가철을 맞아 여행을 간 한국인들이 삼삼오오 모여들기 시작했고, 놀라운 일이 일어났다. 10여 명의 한국인은 자연스럽게 역할을 분담하며 각자의 가방에서 간식을 꺼내 나눴다. 누군가는 컵라면에 뜨거운 물을 부었고, 누군가는 어린이들을 안전한 장소로 이동시키는 일을 도맡았다. 공항 한구석에 깨끗한 자리를 만들어 아이들의 놀이터를 만들고, 책을 읽고 장난감을 나누며 함께 놀고 잠을 잤다. 한 명은 휴대폰에 모든 상황을 녹화해 항공사의 무책임한 대처를 기록했고, 한 명은 대표로 선출되어 승무원과의 대화를 조직적으로 이끌었다. 한국인을 제외한 다른 사람들은 각자의 자리에 앉아 졸고 있었다. 곧 항공사 대표가 나와 사과를 하며 상황은 해결되었다.

이 이야기를 들으며 나는 크게 웃었다. 그 웃음에는 자랑스러움 90퍼센트, 씁쓸함 10퍼센트가 담겨 있었다. 한국인의 문제 해결 능력은 어느 나라, 어느 민족보다 뛰어나다. 정말 자랑스러운 대한 민국이다. 그러나 이 능력의 뒤에는 '무언가를 빠르게 처리하고 넘어가야 한다'는 조급함이 자리하고 있다. 나도 마찬가지다. 부모님은 많은 문젯거리를 항상 내게 상의하셨는데, "너는 내 말이 다 끝나기도 전에 해결을 다 해 버려서 자꾸 너한테 이야기한다"라고 말씀하셨다. 그렇게 빨리 문제를 해결하려면 속으로 얼마나 많은 스트레스를 겪어야 하는지 아셨을까?

누군가 이러저러한 일로 힘들다고 고통을 호소할 때, 나는 어떻게 반응하는가? '그럼, 이렇게 해. 나는 그럴 때 이렇게 하면 되더라'라고 아주 좋은 의도에서 조언한 적이 있는가? 그것이 바로 문제 해결식의 접근 방법이다. 우리는 아주 좋은 의도로 그렇게 말하지만, 이 접근 방법이 트라우마 생존자에게 항상 도움이 되는 것은 아니다.

문제의 빠른 해결은 확실히 이점이 있지만, 그 과정에서 발생하는 모든 감정, 경험, 변화에 대해서는 깊이 있는 이해가 무시되거나 간과될 위험이 있다. 트라우마는 그 자체로 변화이며, 그것을 '해결'하는 것이 아니라 그것과 '함께 성장'하고 변화하는 방법을 찾는 것이 중요하다. 그렇게 함으로써 우리는 트라우마와 그로 인한 변화를 인지하고, 이를 통해 얻은 통찰과 학습을 바탕으로 더욱 성장할 수 있다.

트라우마를 경험할 때 마주하는 정서적인 어려움은 깊고 복잡하다. 트라우마는 단순한 '문제'가 아니기에, 이를 '해결'하는 것이 간단하지 않다. 트라우마를 단순한 문제로 보고 접근하는 것은 그 자체로 큰 실수다. 트라우마는 우리의 삶과 정신에 깊은 자국을 남기며, 이로 인해 우리는 새로운 현실을 맞이하고 새로운 존재로 변화하게 된다. 단순히 문제를 해결하는 것이 아니라, 이 변화를 어떻게 받아들일지, 어떻게 이로부터 성장할지를 고민해야 한다. 이제 트라우마를 해결하려 하지 말고, 그 안에서 통찰을 얻는 나로 변화해 보자.

아리스토텔레스는 철학과 지혜를 대표하는 철학자로, 인간의 궁극적 행복과 성장을 고민했다. 그는 최상의 행복은 사색에서 발견된다고 했다. 사색이란 단순히 오래 생각하는 것이 아니라, 세상을 이해하고 지혜를 획득하며 주변 세계와 능동적으로 상호작용하는 과정을 말한다. 아리스토텔레스의 행복 개념은 단순한 기쁨이나 만족 이상을 의미한다. 이는 자신의 마음과 정신을 적극적으로 동원해 최적의 성장과 번영의 상태에 도달하는 것을 지향한다. 그러니 사색은 이러한 궁극적 행복을 향한 길잡이와 같다.

트라우마 후 성장 맥락에서 보면, 사색은 트라우마와의 직면과 그로부터의 성장을 가능하게 하는 도구다. 사색은 트라우마를 경험한 사람에게 회피나 부정이 아닌, 그 상처를 직접 대면하고 이해하는 데 도움을 준다. 트라우마를 단순히 문제로서 해결하고 극복하는 것이 아니라, 거기에서 비롯된 변화를 포용하고, 새로운 존재로서의 나를 이해하고, 나의 삶이 어떻게 달라졌는지를 천천히 받아들이는 과정이다.

'내게 이런 일이 일어날 줄은 꿈에도 몰랐다.'
'이런 일은 다른 사람에게만 생긴다고 생각했다.'
'이런 일은 영화나 소설 속에서나 일어나는 일이라고 생각했다.'

트라우마는 우리의 많은 것들을 변화시킨다. 세계관과 인생관까지도 바뀐다. 이러한 말들은 기존의 세계관이 완전히 무너졌음을 나타낸다. 일상을 살아가며 우리는 '오늘 나는 이런 일을 기대한다'라고 생각하지는 않는다. 대신 우리는 무의식적으로 평범한 일들이 자연스럽게 일어날 것이라고 가정한다. 이런 '평범함'의 정의는 사람마다 다르며, 이는 그 사람의 세계관을 형성한다. 트라우마 사건이 발생하면 이러한 '평범함'은 파괴된다. 그 결과 우리의 일상적인 기대와 원칙은 방향성을 잃는다. 트라우마를 경험하면서 가장 힘든 부분 중 하나는 세상과 삶에 대한 이전의 확신이나 환상을 잃는 것이다.

우리는 모두 언젠가 죽지만 일상의 연속성을 느낄 때 이 사실을 대개 잊는다. 트라우마, 특히 갑작스러운 죽음이나 죽음에 가까이한 경험을 통해 이 '무한성'에 대한 환상이 깨지게 된다. 세상은 절대로 완벽하게 안전하지 않지만, 우리는 일상에서 상대적인 안전을 기대하며 산다. 이러한 기대가 트라우마를 통해 무너지면 세상의 불안정성을 실감하게 된다.

이렇게 무너진 세계관과 인생관은 우리를 바닥 없는 나락으로 추락시키고, 불안정한 터전에서 우리는 흔들린다. 트라우마 후 성장의 과정은 이러한 불안정성 속에서 새로운 안정을 찾아내는 여정이다. 새로운 세계관은 이전과 다를 수 있으나, 그것은 우리가 새로이 세운 지주로 삶과 세계를 이해하고, 존재의 의미를 찾는 새로운 기준이 된다.

트라우마는 인생의 어떤 순간에도 우리를 찾아올 수 있으며, 그 후의 세계는 더 이상 예전과 같을 수가 없다. 이러한 근본적인 변화에 직면했을 때, 우리는 과거의 편안함을 그리워한다. 그러나 일단 변화의 바람이 닥치면 과거로의 회귀는 불가능하다. 그 대신 변화를 수용하고 그 안에서 새로운 시작을 찾아야 한다. 트라우마는 결국 개인의 정체성을 크게 흔들 수 있지만, 그 과정에서 새로운 자신을 발견하는 기회도 제공한다.

이 모든 과정에서 자기 성찰과 통찰의 중요성은 부각된다. 트라우마의 깊은 고통 속에서도 성장과 발전의 기회를 발견하는 힘은 바로 자기 성찰에서 나온다. 변화의 시작은 자신의 감정, 생각, 신념을 깊게 이해하는 통찰에서 비롯된다. 이러한 이해를 통해 트라우마가 부정적인 영향만 준다는 편견에서 벗어나, 오히려 긍정적인 변화와 성장의 가능성을 바라볼 수 있게 된다. 이런 자기 성찰 과정을 통해 내 삶의 이야기를 다른 각도에서 쓸 수 있게 되며, 그 안에서 새로운 의미와 목표를 발견하게 된다. 이렇게 얻은 통찰과 변화는 지속 가능한 성장을 가능하게 하며, 미래의 도전과 역경에 대처하는 데 필요한 힘을 제공한다.

변화의 주체는 나

'통제 위치'라는 용어가 있다. 개인이 자신의 삶에서 일어나는 사건에 대해 얼마나 통제력을 느끼는지를 설명하는 심리학적 개념이다. 통제 위치는 주로 내적 통제 위치와 외적 통제 위치로 분류된다. 내적 통제 위치를 가진 사람은 통제의 위치가 자신 내부에 있다고 생각하고, 자신의 행동과 결정이 삶의 결과에 큰 영향을 미친다고 믿는다. 이러한 사람들은 스트레스 상황에서 주도적이며, 문제를 해결하기 위해 적극적인 전략을 선호한다. 반면, 외적 통제 위치를 가진 사람은 통제의 위치가 외부에 있다고 생각하고, 삶의 대부분 사건이 개인의 통제를 벗어난 외부의 힘에 의해 결정된다고 믿는다.

 영민은 어릴 때 큰 교통사고를 겪었으며, 그 사고로 어머니를 잃었다. 내적 통제 위치를 가진 영민은 사고 이후의 트라우마를 극복하기 위해 상담사의 도움을 받고, 상담사의 조언을 따라 사별 상담 그룹에 참여하기로 결정했다. 또한, 친구와 가족과의 꾸준한 대화를 통해 그 사건에 대한 감정을 표현하며, 사회적 지지를 받아 치유의 과정을 거쳤다.
 준호는 군 복무 중 큰 폭발 사고를 목격했고, 그 사고로 친한 동료를 잃었다. 외적 통제 위치를 가진 준호는 스스로의 노력으로 그 트라우마를 극복하기는 어렵다고 생각했고, 사고를 비롯한 후유증 모두가 자신의 역량 밖의 일이라고 생각했다. 그 사건을 잊으려고 다양한 방법을 시도했지만 그럼에도 악몽과 트라우마 스트레스 증상이 지속되었다.

한 가지 주의할 점은 내적 통제 위치가 예시처럼 항상 긍정적으로 작용하는 것은 아니라는 것이다. 우리가 통제할 수 없는 것들에 대해 스스로에게 책임을 돌리고 혼자서 해결하려 할 경우, 그런 노력이 열매를 맺지 못하면 오히려 더 큰 스트레스로 다가올 수 있기 때문이다. 많은 트라우마 생존자는 회복 과정에서 스스로를 변화의 주체로 세우는 것이 중요하다고 느낀다. 하지만 변화의 주체가 된다는 말이 '모든 것을 혼자서 해결하라'는 무거운 책임감으로 느껴질 수도 있다. 특히 내적 통제 위치가 강한 사람일수록 문제 상황의 책임을 전적으로 자신에게 돌리거나, 변화하지 못한 스스로를 자책하게 되는 경향이 있다.

진정한 회복과 성장은 내적 통제 위치와 외적 통제 위치 사이의 균형에서 시작된다. 변화의 주체란 모든 것을 바꾸는 사람이 아니라 '지금의 나를 이해하고, 내가 선택할 수 있는 반응을 찾는 사람'이다. 이 말은 변화는 언제나 나의 통제하에 있어야 한다는 신념을 내려놓고, 때로는 나를 둘러싼 맥락과 조건을 받아들이며, 감정적으로 한 걸음 물러서는 여유를 갖는 것을 의미한다.

〈하버드 비즈니스 리뷰 Harvard Business Review〉에서는 이를 '조

감도의 시선bird's eye view'이라고 표현한다. 가까이에서만 보던 문제를 조금 더 멀리서 나의 감정과 분리된 시각으로 바라보는 것을 말한다. 이러한 거리 두기 시선은 고통 속에서도 내가 붙잡을 수 있는 '작은 통제'를 회복하는 데 도움이 된다. 예를 들어, 오늘 나의 감정 상태를 가만히 인식해 보는 것, 나를 안정시키는 루틴을 만드는 것이다. 혹은 누군가에게 도움을 요청하거나, 혼란 속에 있는 자신을 비난하지 않고 있는 그대로 수용하는 태도 등 모두가 변화의 주체로서 선택할 수 있는 반응이다.

이는 특히 높은 성취 압박과 자기비판 성향이 강한 한국 사회에서 중요한 회복 전략이 된다. 많은 한국인은 이미 높은 수준의 자기 책임감을 갖고 있으며, 무언가 잘못되었을 때 이를 개인의 능력 부족이나 의지 부족으로 해석하는 경향이 있다. 이러한 내적 통제 위치가 과도하게 작동하면 회복이 필요한 순간에도 스스로를 몰아붙이게 되고, 고통의 원인을 외부가 아닌 자기 자신에게서만 찾는 악순환에 빠질 수 있다.

이럴 때일수록 '모든 것을 내가 바꿔야 한다'는 태도에서 벗어나 '나는 지금 어디에 있고, 어떤 방식이 나에게 더 안전하고 효과적인가'를 묻는 태도가 필요하다. 중요한 것은 자신을 객관적으로 바라보고 현재의 통제 감각이 안으로 향해 있는지, 밖으로 향해 있는지를 알아차리는 것이다. 그리고 그 위치를 바꾸려 애쓰기보다는 지금의 나를 있는 그대로 인정하고, 그 자리에서 가장 나다운 방식으로 반응할 수 있는 여지를 확인하는 것이 진정한 능동성이다.

　변화의 주체란 변화를 강요받는 존재가 아니라, 변화의 흐름 속에서 자기 삶에 책임 있게 참여하는 존재다. 그리고 그 책임은 결코 혼자 지는 것이 아니라 나에게 의미 있는 관계, 활동, 커뮤니티와의 연결 속에서 함께 짊어지는 것이다.

혼자가 아닌 함께 성장하기

혼자가 아니라는 믿음

트라우마를 겪은 이들에게 사회적 지지는 회복의 중요한 열쇠가 된다. 상처받은 마음을 치유하는 과정에서 누군가의 따뜻한 말 한마디, 공감 어린 눈빛, 함께 울어 줄 수 있는 존재는 때로 치료 그 이상이 되기도 한다. 종종 나를 지지해 줄 사람이 곁에 있다는 것을 당연한 전제로 생각한다. 하지만 현실에서는 그런 지지가 없는 경우도 많다. 만약 지금 이 글을 읽는 당신이 완전히 고립되어 있다고 느낀다면, 꼭 기억해 줬으면 한다. 지지 네트워크는 '0'에서 다시 시작할 수 있다. 처음에는 막막하고 어색하더라도 아주 작은 연결에서부터 시작해도 좋다. '나 혼자가 아니다'라는 감각은 반드시 다시 살아날 수 있다.

트라우마는 때로 내가 겪은 고통이 세상에서 가장 고유한 것처럼 느껴지게 만든다. 나만 이런 일을 겪었고, 아무도 이해하지 못할 것 같고, 결국 이 넓은 세상에서 나 혼자 남은 것 같다는 외로움이 밀려온다. 하지만 절대로 혼자가 아니라는 사실을 마음에 새기기 바란다. 전 세계 수많은 사람이 비슷한 상처를 안고도 회복의 길을 찾아냈고, 자신만의 방식으로 다시 사회적 관계를 회복했다. 그리고 그 시작은 반드시 같은 고통을 공유한 사람과의 관계에서만 일어난 것은 아니었다. 공통의 관심사, 가치, 삶의 리듬이 맞는 사람들과의 새로운 연결에서도 회복은 시작된다.

운동 모임, 독서 모임, 음악 동호회, 종교 단체 등이 그 시작점이 될 수 있다. 처음에는 낯설고 어색하게 느껴질 수 있지만, 그 안에서 우리는 자신의 고통을 잠시 내려놓고 삶의 다른 면모를 마주한다. 이런 소소한 연결은 내가 누구인지를 잊지 않게 해 주는 삶의 연결점이 된다.

때로는 나를 지지해 주는 사람을 만나기보다는, 내가 누군가에게 힘이 되어 주는 관계 속에서 회복이 일어나기도 한다. 자원봉사 활동이 그렇다. 새로운 사람과 관계를 맺고, 내가 누군가에게 의미 있는 존재라는 감각을 되찾게 해 준다. 동물 보호소에서의 활동, 지역 행사나 축제 지원, 환경 보호 활동 등 자신의 관심사와 맞는 활동을 통해 삶의 목적과 소속감을 다시 발견할 수 있다.

사회적 관계는 새로운 인연을 만드는 것뿐 아니라, 이미 존재하는 관계를 다시 돌아보는 과정이기도 하다. 때로는 나를 지지해 줄 누군가가 이미 곁에 있었지만, 상처로 인해 미처 알아채지 못했을 수도 있다. 부모, 형제, 친구, 이웃, 동료 중에 나의 이야기를 듣고 싶어 했던 사람은 없었을까? 내가 도움을 필요로 했듯, 상대도 내 손길을 기다렸을지 모른다. 지지받는 것뿐만 아니라, 누군가에게 지지가 되는 관계를 만드는 시선 전환이 중요하다.

트라우마 경험을 누구에게, 어떻게, 언제 나눌 것인가는 매우 섬세하고 민감한 문제다. 친구나 가족보다 오히려 비슷한 경험을 한 낯선 사람과 나누는 것이 더 편안하게 느껴질 수도 있다. 때로는 오프라인보다 온라인 커뮤니티 속 익명의 대화가 더 깊은 공감과 위안을 건네주기도 한다. 같은 아픔을 공유한 이들과 나눈 한마디가 이해받지 못할 것이라 생각했던 트라우마의 두려움을 잠시 멈추게 하기도 한다. 그러나 그만큼 스티그마^{stigma}(낙인)의 가능성도 있다. 내 상처를 나눴을 때 돌아올 수 있는 편견, 고립, 거절의 가능성은 여전히 존재한다. 이로 인해 다시 움츠러들고 관계에서 물러나기도 한다.

그렇기에 나의 이야기를 공유할 것인가에 대한 결정은 전적으로 내 것이며, 나의 심리적 안전이 우선시되어야 한다. 이 또한 변화의 주체로서 내가 선택할 수 있는 중요한 권리다. 모든 관계가 영원하지 않다는 사실을 기억하자. 유해한 관계를 과감히 정리하는 것도 회복의 일부다. 나를 지지해 주고, 내 말에 귀를 기울이며, 함께 성장할 수 있는 사람들과의 관계를 더 단단히 만들어 가는 것이 중요하다.

사회적 연결망을 다시 구축하는 과정은 단기간에 이루어지지 않는다. 시간과 용기, 작은 실천의 반복이 필요하다. 하지만 그 과정을 지속하며 얻게 되는 감정적 안정감, 소속감 그리고 살아 있다는 감각은 그 어떤 투자보다도 귀중하다. 건강한 관계는 나의 회복을 도와줄 뿐만 아니라, 회복된 내가 또 다른 이의 회복에 다가가는 계기가 된다.

지금 어디에 있든, 얼마만큼의 고립 속에 있든 늦지 않았다. 스스로를 열고 아주 작은 연결이라도 시도해 보자. 당신과 같은 아픔을 지나온 수많은 사람이 이 세상 어딘가에서 당신을 기다린다. 당신은 결코 혼자가 아니다.

든든한 지원군 되기

우리 사회는 다양한 스티그마로 가득 차 있다. 특히 트라우마를 경험한 사람들은 이중의 고통을 겪는다. 고통 그 자체뿐 아니라, 그 고통을 겪었다는 이유로 사회적 편견과 부정적 시선을 마주하게 된다.

스티그마에는 여러 유형이 있으며, 그중 대표적인 것이 공적 스티그마public stigma와 내재적 스티그마self-stigma다. 공적 스티그마는 사회 전반에 퍼진 부정적인 인식과 낙인을 의미한다. 이는 트라우마 생존자에게 수치심과 소외감을 불러일으키고, 회복에 필요한 사회적 자원을 적극적으로 활용하는 데 장애가 된다.

교통사고 이후 PTSD를 진단받은 정우는 직장에 자신의 상태를 알리는 것이 두려웠다. 주변 동료들이 정신 건강 문제에 대해 '참을성이 부족한 사람' 혹은 '불안정하고 위험한 사람'으로 이야기하는 걸 들었기 때문이다. 그는 결국 병가 신청을 포기하고, 극심한 불면과 불안 속에서도 억지로 일을 계속하다가 상태가 더욱 악화되었다.

이 사례는 공적 스티그마가 어떻게 개인의 회복을 가로막고, 필요한 도움을 받지 못하게 만드는지를 보여 준다. 반면, 내재적 스티그마는 개인이 사회적 낙인을 스스로에게 내면화하는 현상이다. 사회의 편견을 받아들이고, 그것을 자기 자신에 대한 평가 기준으로 삼게 되는 것이다.

우울증 진단을 받은 수빈은 '나는 의지가 약한 사람이기 때문에 병에 걸린 것'이라는 생각에 사로잡혔다. 그녀는 치료받는 사람을 나약하게 보는 주변 시선에 익숙했고, 결국 자신을 무가치한 존재로 여기게 되었다. 치료를 권유하는 가족이나 친구의 말을 들으면서도 '나 같은 사람은 괜찮아질 자격이 없다'며 회피했다.

수빈의 사례처럼 내재적 스티그마는 자존감을 무너뜨리고, 자기 돌봄의 동기마저 소멸시킬 수 있는 심리적 방해 요소다. 바나지Banaj와 펠리카노Pellicano의 연구에 따르면, 이러한 내재화된 낙인은 생존자의 삶 전반에 부정적인 영향을 미치며, 회복을 더디게 만든다.

스티그마는 단순한 사회적 편견을 넘어서 개인의 치유와 성장 가능성을 가로막는 복합적인 심리적 장애물이다. 특히 트라우마 경험과 관련된 스티그마는 생존자가 자신의 상처를 말하지 못하게 만들고, 적절한 도움과 연결을 차단하는 결과로 이어진다. 사회로부터 받은 부정적인 시선은 생존자의 내면으로 스며들어 자기 비하로 이어지며, 결국 자신의 트라우마를 더 깊숙이 숨기고 혼자 견디려는 패턴을 강화시킨다.

트라우마는 본래 타인에 대한 신뢰를 손상시키는 사건이다. 그 경험을 한 사람은 자연스럽게 주변의 시선에 더욱 예민해지고, 거부민감성이 높아진다. 이는 누군가의 말이나 표정, 행동에서 부정적인 반응을 과도하게 예상하고, 쉽게 상처받는 상태를 말한다. 이로 인해 생존자는 다양한 사회적 상황에서 관계 맺기를 주저하고, 반복적으로 거절당할 것 같은 느낌 속에 머무르게 된다. 결국 타인의 말 한마디, 표정 하나에도 위축되며 점점 더 깊은 고립 속으로 들어가게 되는 것이다. 자신의 고통을 부정하거나, 자신의 경험을 결코 타인과 나누지 않으려는 태도는 그만큼 트라우마로부터의 회복 기회를 줄어들게 한다.

이러한 맥락에서 재트라우마^{retraumatization} 현상도 주목할 필요가 있다. 스티그마로 인해 생존자는 또 다른 고통을 경험하게 되고, 이는 이전보다 더 강한 패배감과 고립감을 유발한다. 회복을 향한 여정이 한층 더 길고 험난해지는 것이다. 그러므로 스티그마를 줄이기 위한 사회적 노력이 반드시 필요하다.

트라우마 후 성장은 개인의 힘으로도 가능하지만 사회가 이를 뒷받침해 준다면 훨씬 더 빠르고 깊이 있는 회복이 이루어질 수 있다. 테데스키는 트라우마 후 성장을 촉진하기 위한 세 가지 핵심 요소를 제시한다. 첫째, 트라우마를 경험한 사람이 그 고통을 안전하게 공유할 수 있는 환경을 마련하는 것. 둘째, 극복 과정을 존중하며 의미 있게 바라보는 사회적 태도. 셋째, 생존자를 향한 사회적 인식의 변화와 실질적인 지지. 그렇다면 우리 사회는 이 세 가지 요소를 얼마나 갖췄을까?

트라우마를 겪은 이들이 자신의 이야기를 솔직하게 나눌 수 있는 문화는 회복에 핵심적인 역할을 한다. 그 경험을 언어화하는 순간, 우리는 트라우마를 '당한 사건'에서 '살아 낸 이야기'로 바꾸기 시작한다. 성폭력을 경험한 누군가가 부모나 친구와의 깊은 대화를 통해 지지를 받고, 함께 성찰하는 과정은 그 자체로 강력한 회복의 토대가 된다. 반대로 주변 사람이 과도한 연민으로 접근하거나, 지나치게 조심스러운 태도로 그 이야기를 무겁게 받아들이면, 생존자는 자신이 부담스러운 존재처럼 느껴져 입을 닫아 버리게 될 수도 있다.

트라우마 이후의 성장은 개인의 내면적 힘뿐만 아니라, 사회적 분위기와 인식에 깊은 영향을 받는다. PTSD라는 진단명 뒤에 숨겨진 수많은 고통의 서사를 사회가 이해하고, 고통만큼이나 성장의 가능성 또한 존재한다는 믿음을 공유할 때, 생존자들은 더 이상 움츠러들지 않고 자신의 목소리로 삶을 이어 갈 수 있을 것이다.

스티그마와 편견은 누구에게나 또 다른 상처를 남긴다. 그렇기에 우리는 각자의 자리에서 트라우마에 대한 올바른 인식을 확산시키고, 생존자에게 필요한 지원과 이해를 제공하려는 노력을 멈추지 말아야 한다. 그럴 때 비로소 트라우마를 경험한 이들이 고통을 넘어 삶을 다시 구성하고, 온전한 회복과 성장으로 나아갈 수 있을 것이다.

친구 지원하기

그렇다면 트라우마를 겪은 친구나 가까운 사람이 용기 내어 손을 내밀었을 때, 우리는 어떻게 반응해야 할까? 도대체 무엇을 어떻게 말하고, 어떤 태도로 곁을 지켜야 할까? 다음은 트라우마를 겪은 이들을 지지하는 데 도움이 되는 열두 가지 실천적 방법이다.

① 배움이 곧 위로의 시작

트라우마의 본질과 그것이 일으키는 여러 감정 그리고 이로 인해 일상생활에 미치는 영향에 대해 배우는 것은 필수적이다. 정확한 지식과 깊은 이해는 트라우마를 겪는 친구나 가족에게 더 나은 지원과 위로를 제공하는 데 큰 도움이 된다. 여러 전문 서적, 워크숍, 강의를 통해 스스로를 계속 교육하고, 트라우마를 겪는 이들과의 대화를 통해 그들의 감정과 생각에 귀 기울이자.

② 감정적 지원

트라우마를 겪은 사람들의 감정은 매우 복잡하다. 이들을 지원할 때 가장 중요한 것은 그들의 감정을 진심으로 이해하고 공감하는 것이다. 그들이 지금 무슨 감정을 느끼는지 물어보며, 그 감정을 가볍게 넘기거나 '너무 신경 쓰지 마'와 같은 말로 대수롭지 않게 여기지 않도록 주의해야 한다. 또한, 자신의 경험과 해결책을 강요하지 말고 그들이 원하는 방식으로 지원해 주는 것이 좋다.

③ 경계 존중

트라우마를 겪은 사람들은 그 경험에 대해 이야기하는 것이 쉽지 않다. 때로는 상처가 아직도 너무 생생하거나 깊어서 언급하는 것만으로도 힘들 수 있다. 그렇기 때문에 그들이 준비될 때까지 기다려 주는 것이 중요하다. 돕고 싶은 마음이 앞서 그들의 이야기를 억지로 끌어내려 하지 말고, 그들이 편하게 느끼고 자연스럽게 공유하고 싶어 할 때까지 기다리는 것이 경계를 존중하는 방법이다.

④ 트리거 피하기

트라우마를 겪은 사람 앞에서 그 경험과 연관된 주제나 상황을 다루는 것은 조심스러워야 한다. 특정 주제나 상황은 그들에게 트리거가 되어 고통을 다시 떠올리게 만든다. 따라서 이러한 주제나 상황이 닥칠 것을 알게 되면 미리 통보하여 준비 시간을 주거나, 가능하다면 아예 피할 수 있도록 조치해 주는 것이 좋다. 그들의 감정을 배려하는 것은 반복적인 심리적 상처를 막는 데 도움이 된다.

⑤ 전문가의 도움 독려

트라우마를 겪은 사람들은 종종 스스로의 상처와 감정을 이해하거나 처리하기 어려워한다. 이런 경우 전문가의 도움을 받는 것은 그들의 회복 과정에 큰 도움이 될 수 있다. 전문가는 감정과 상처를 이해하고 적절한 치유 방법을 제시한다. 우리는 트라우마를 겪은 사람들에게 전문가의 도움 구하기를 독려해야 한다. 이는 그들의 회복과 성장을 위한 중요한 단계다.

⑥ 실질적 지원 제공

트라우마를 겪은 이들은 때로 신체적, 정서적 또는 실질적인 지원을 필요로 한다. 이러한 지원은 그들이 다시 일상으로 돌아가는 데 큰 도움이 된다. 우리가 제공할 수 있는 도움은 때로는 아주 작은 것일 수 있지만, 도움을 받는 이에게는 큰 의미가 될 수 있다. 간단한 식사 제공, 교통수단 제공, 또는 단순히 귀를 기울여 들어 주는 것만으로도 그들에게 큰 힘이 된다.

⑦ 인내심 연습

트라우마 후의 회복 과정은 간단하거나 짧지 않다. 많은 경우 기다림과 참을성이 필요한 긴 여정이다. 그렇기 때문에 주변 사람들의 인내심과 지지가 필수적이다. 그들이 어려움을 겪을 때마다 곁에서 함께하고, 회복 과정을 존중하며, 그들의 속도와 방식을 인정해 주는 것이 중요하다. 무엇보다 그들의 곁에서 지켜보며, 필요할 때 항상 도움의 손길을 내밀어 주는 것이 중요하다.

⑧ 적절한 정보 제공

트라우마를 겪은 사람들은 어떻게 대처해야 할지, 어디서 도움을 받아야 할지 모를 수 있다. 이미 몸과 마음의 에너지가 고갈되어 정보를 찾을 힘조차 없기 때문이다. 그렇기 때문에 트라우마와 관련된 전문가, 상담소, 자료, 워크숍, 도서 및 온라인 리소스 등 유용한 정보를 알려 주는 것이 그들에게 큰 도움이 될 수 있다. 그들의 상황을 이해하고 지원하려는 노력이 그들의 회복 과정에 긍정적인 영향을 미칠 것이다.

⑨ 셀프케어 지원

스트레스 관리는 트라우마 회복 과정에서 중요한 역할을 한다. 스트레스를 완화하는 방법 중 하나로 운동이나 명상 같은 자기 관리 활동을 제안하면 좋다. 이러한 활동은 몸과 마음의 안정감을 회복하고, 감정의 균형을 잡는 데 많은 도움을 준다. 중요성을 말로 설명하는 것에 그치지 말고, 함께 시작하고 실천할 수 있도록 격려해 보자.

⑩ 정기적인 연락

트라우마를 경험한 많은 사람이 고립감을 느낀다. 따라서 그들을 향한 꾸준한 관심과 애정은 중요하다. 이때 정기적으로 연락을 주고받음으로써 그들이 여전히 소중한 사람이라는 것을 알려 주자. 그저 '안녕, 어떻게 지내?'라는 메시지만으로도 그들의 하루를 밝게 할 수 있다. 그들의 상황이나 기분을 주기적으로 확인하고, 필요로 할 때 언제든지 도와줄 준비가 되어 있다는 것을 알려 주자.

때로 메시지를 남겨도 아무런 답변이 없을 수도 있다. 그런 무반응에 서운한 마음이 들 수도 있지만 넓은 마음으로 이해하자. 트라우마를 겪은 사람들에겐 때로 자기만의 시간과 공간이 필요하다. 그들이 답하지 않는다고 해서 당신을 무시하거나 신경 쓰지 않는다는 의미가 아니다. 현재의 감정과 상황을 처리하기 위해 시간이 더 필요할 뿐이다. 따라서 그들의 반응이나 행동을 기분 나쁘게 받아들이지 말고, 인내심을 갖고 지켜보며 그들에게 시간을 주자.

⑪ 선택 존중하기

그들이 어떤 결정을 내리든 그것은 오랜 생각 끝에 내린 것이다. 때로는 이해하지 못할 선택을 할 수도 있다. 그러나 가장 중요한 것은 그 결정을 존중하고, 그들의 편에 서서 지원해 주는 것이다. 원하지 않는 조언이나 의견을 강요하지 않는 것도 중요하다. 대신 필요로 할 때는 진심으로 도와줄 준비가 되어 있어야 한다. 선택을 존중받는 경험은 그들이 자기 삶을 주도하고, 자신의 감정을 소중히 여기게 하는 데 큰 도움이 된다.

⑫ 간접 트라우마 경계하기

트라우마를 겪은 사람의 아픔을 지켜보며 그 고통을 함께 나누는 것은 강력한 연대를 만들 수 있지만, 동시에 그 무게감은 우리에게 도 영향을 미친다. 때로는 그 아픔이 우리의 마음속에 깊게 파고들어 간접 트라우마를 일으키기도 한다. 이러한 감정에 직면할 때는 자신을 잘 관리하고 보호해야 한다. 그들을 지원하려는 의지는 중요하지만 그 과정에서 자신의 정서적 균형을 잃지 않도록 주의해야 한다. 필요한 경우 전문가나 상담사의 도움을 받는 것도 좋다. 자신을 잘 돌보는 것은 타인을 더 잘 돕기 위한 첫걸음이다.

함께 만드는 새로운 이야기

인간은 흔히 호모 나랜스$^{homo\ narrans}$, '이야기하는 존재'로 불린다. 라틴어로 '나랜스^{narrans}'는 '이야기하고 서술하는'이라는 뜻이다. 이 표현은 인간이 스토리를 창조하고 나누며, 이야기를 통해 자아를 구성하는 존재임을 상징한다. 우리는 경험을 해석하고 삶을 이해하기 위해 이야기를 만든다. 이야기는 타인과의 대화에서만이 아니라, 자신과의 대화 속에서도 끊임없이 재구성된다.

이러한 내러티브적(서사적) 특성은 한국 사회에서 특히 두드러진다. 대중매체가 없던 시절에 우리는 할머니가 들려주는 옛날이야기에 몰입했고, 지금은 드라마와 웹툰, 예능, 유튜브, 다큐멘터리까지 수많은 이야기를 소비하고, 또 만들며 살아간다. 스토리 속에서 우리는 위안을 얻고, 공감을 나누며, 공동체를 형성했다. 어쩌면 우리 DNA의 깊숙한 곳에는 내러티브를 향한 본능적인 욕구가 새겨져 있는지도 모른다. 인간의 뇌는 경험을 단순한 정보로 남겨 두지 않는다. 그것을 원인과 결과로 연결하고, 사건과 감정으로 엮으며, 시작과 끝을 지닌 이야기로 만든다.

하지만 사회는 종종 우리에게 '이상적인 이야기'를 강요한다. 사회가 바람직하다고 여기는 성공의 내러티브, 가족 형태, 인간관계 방식, 아름다움과 건강 기준은 너무나 선명하게 제시되어 있다. 우리는 그 '이상적인 이야기'에 나를 끼워 맞추기 위해 애쓴다. 한국 사회에서 가장 이상적인 삶의 이야기란 무엇인가? 어쩌면 이런 모습일지 모른다.

남편은 키 크고, 근육질이며, 안정적인 직장에서 성공했으며, 가정에도 충실한 사람이다. 아내는 날씬하고, 아름다우며, 출퇴근이 유연한 직업을 가졌고, 살림에 능하다. 저녁 시간이 되면 아내는 정갈하게 꾸민 집에서 균형 잡힌 식사를 준비한다. 두 사람은 딸 하나, 아들 하나를 두었고, 아이들은 각각 예체능과 학업에 뛰어난 재능을 보이며, 가족 모두가 건강하고 행복한 하루를 보낸다.

우리는 이런 이야기를 끊임없이 들으며 자라 왔고, 이것이 진짜

'좋은 삶'이라고 믿으며 살았다. 그러나 이제 질문을 던져 보자.

'사회에서 가장 성공하고 바람직한 인간은 ○○○이라고 생각한다.'

이 빈칸을 채우는 데 주저함이 없다면, 우리는 사회가 설정한 기준을 이미 내면화했는지도 모른다. 우리가 떠올리는 이상적인 인간은 어떤 외모를 가졌는가? 어떤 직업을 가져야 하는가? 가족 형태는 어떠해야 하며, 얼마만큼의 소득과 건강 상태를 유지해야 하는가? 이러한 생각 속에는 실체 없는 '정상'과 '성공'의 기준이 숨어 있다. 그래서 우리는 나의 이야기를 '비정상'이라 여기고, 사회가 요구하는 이야기를 '정상'이라 믿는다. 그 간극을 좁히려 발버둥 치고, 끊임없이 자신을 조정하고, 때로는 무너진다. 그러나 '정상'은 애초에 존재하지 않는다. 평균과 기준은 통계의 언어일 뿐 생명의 언어는 아니다.

트라우마 이후의 삶도 마찬가지다. 우리는 어느 순간 예기치 못한 고통을 만나고, 그로 인해 그동안의 이야기가 송두리째 무너지는 경험을 한다. 그 순간부터 우리는 묻기 시작한다. '이제 나는 어떤 이야기로 살아갈 수 있을까?' 바로 그 질문이 '트라우마 후 성장'의 시작이다.

완벽한 소설의 주인공은 존재하지 않는다. 베스트셀러가 되는 이야기는 결코 똑같지 않다. 그것들은 저마다 다른 결을 가지고, 예상할 수 없는 갈등과 모순, 고유한 리듬을 지니기에 독자의 마음을 움직인다. 하물며 우리의 인생은 누군가를 감동시키기 위한 극본이 아니다. 그런데도 왜 우리는 정해진 극본처럼 살아가려 애쓰는가?

이제는 나만의 이야기를 다시 써 내려갈 시간이다. 내러티브의 주체로서 사회가 원하는 이야기에서 벗어나 내 삶이 지닌 고유한 색과 결을 인정하며 살아갈 용기를 내 보자. '어떤 이야기든 괜찮다'는 선언 속에서 우리는 다시 쓰기를 시작할 수 있다. 이것이야말로 진정한 성공적인 인생의 시작 그리고 트라우마 이후 성장을 이루는 길이다.

Epilogue

글을 마치며

오랫동안 트라우마 후 성장을 탐구하고 연구하면서 한국의 독자들과 경험을 나누고자 하는 꿈을 키워 왔다. 이 책을 집필하면서 가장 큰 도전은 나의 노력이 충분한가, 이 책이 독자에게 필요한 메시지를 전달할 수 있는가에 대한 끊임없는 자문이었다. 완벽함과는 거리가 멀어 아쉬운 마음이 크지만, 그 과정에서 나는 또 깊은 통찰과 성장을 한 것 같다.

트라우마는 누구에게나 찾아올 수 있는 것이지만, 그 속에서의 성장은 선택의 문제다. 이 책은 트라우마를 겪었지만 그것을 인식하지 못했던 이들, 조용히 그 속에서 성장의 기회를 찾아낸 이들, 트라우마를 극복하고 다시 행복을 찾아 나서려는 이들 그리고 그들을 사랑하는 가족이나 친구들에게 희망의 메시지를 전하고자 한다.

한국에서는 '트라우마 후 성장'이라는 개념에 대해 아직 충분한 인식이 부족하다. 이 책을 통해 이 개념에 대한 깊은 이해와 인식의 필요성을 많은 사람에게 전할 수 있기를 희망한다. 이 주제에 대한 관심이 활발해지면, 다양한 연구와 논의가 이루어져 트라우마를 겪은 많은 이들이 건강한 방법으로 성장하는 길을 찾을 수 있게 될 것이다. 이 책이 그 출발점이 되길 바란다.

트라우마 후 성장을 발견하고 적극적으로 추구하는 과정에서 우리는 반드시 영웅이 되어야 한다는 압박이나 기대감을 느낄 필요가 없다. 성장과 회복을 위한 과도한 압박은 때로 우리에게 스트레스와 불안을 가져온다. 특별한 성과나 박수갈채, 대중 앞에서의 연설, 자서전 출간 등이 반드시 성공적인 회복의 유일한 지표가 되지는 않는다. 회복과 성장의 진정한 의미는 개인의 내면에서 발견되며, 그 과정 자체가 가치 있다는 것을 인식하는 것이 중요하다.

'치유의 시간표'라는 것도 존재하지 않는다. 트라우마로 인한 상처와 그것을 극복하는 과정은 모든 사람에게 동일한 패턴으로 진행되는 것이 아니다. 우리 각자의 마음과 정신은 저마다 독특하며, 이러한 특성은 회복의 과정에서도 그대로 나타난다. 때로는 빠르게, 때로는 천천히, 각자의 리듬에 맞춰 치유의 과정을 거친다. 그러니 트라우마를 겪은 모든 이들이 스스로를 자애롭게 대하며, 성장의 길을 천천히 걷기를 소망한다.

트라우마 후 성장을 경험한 많은 이들과의 대화 속에서 들었던 공통된 메시지를 공유하고자 한다. 이 메시지는 우리 모두에게 트라우마 후 성장의 진정한 의미와 그 과정에서 만들어지는 중요한 가치를 알려 준다. 이 메시지는 어두운 트라우마 속에서 희망의 빛을 선사한다. 트라우마 후의 성장은 어려운 여정이지만, 그 속에서 새로운 의미와 가치를 발견하는 것은 분명하다. 그 길을 함께 걸어 나가며, 더 나은 미래를 향해 함께 나아가기를 소원한다.

- 이 경험을 통해 나는 더 현명하고 강인한 사람이 되었다는 것을 느꼈다.
- 무슨 일이 일어나든 간에 나는 이제 더 잘 대처할 준비가 되어 있다고 믿는다.
- 변화나 미래에 대한 두려움이 줄어들었다.
- 내 안에 강한 내면의 힘이 있다는 것을 깨달았다.
- 나는 이제 다른 이들에게 도움을 줄 수 있고, 도움을 주는 게 더 좋다.
- 이 경험은 우리 사이를 더욱 단단하게 만들었다.
- 나는 내가 가족이나 친구에게 큰 힘이 될 수 있다는 것을 알게 되었다.
- 남의 고통에 너무 몰입하는 것은 위험하다는 것을 깨달았다.
- 다른 사람의 고통을 보며 내 상황이 얼마나 나쁠 수 있었는지

를 깨닫게 되었다.
- 다른 사람의 도움을 받는 것도 중요하다는 것을 알았다.
- 인생에서 중요하게 생각하는 가치나 목표가 바뀌었다.
- 새로운 기회와 목표를 찾아냈다.
- 트라우마의 원인이 뭔지 묻기보다는 그것을 받아들이는 것이 더 중요하다고 느꼈다.
- 우리는 생존했고, 새로운 시작을 앞두고 있다.
- 나는 더 이상 트라우마 생존자에 국한된 삶을 원하지 않는다.
- 나의 생존에는 의미가 있다. 나는 그 의미를 찾아내고, 그것을 다른 사람과 나누어야 한다.
- 나는 피해자가 아니라, 살아남은 자이며 성장하는 자다.
- 나는 이 경험을 통해 얻은 교훈과 가치를 다른 사람들과 공유할 것이다.
- 이 경험을 통해 나는 신에 대한 더 깊은 이해를 얻게 되었다.

이 책의 초안을 쓰기 시작했을 때, 나는 또 다른 트라우마가 이 책의 마지막을 함께할 줄 전혀 예상하지 못했다. 근육이 오그라들고 통증이 심해지는 병을 겪으며, 나는 마치 내가 디딘 땅이 흔들리는 듯한 지진을 통과했다. 트라우마는 삶의 많은 것을 바꿔 놓는다. 나를 지탱해 주던 것들, 오래도록 소중히 여겨 왔던 것들이 뽑히고, 부러지고, 떨어져 나가는 감각을 겪었다.

아버지의 죽음을 통과하며 트라우마 후 성장에 대한 박사 논문을 마무리했던 그때처럼, 나는 이제 또 한 번의 트라우마를 지나며 이 책의 마지막 문장을 써 내려간다. 목소리가 점점 희미해지는 대신, 글은 더욱 또렷해지고 단단해짐을 느낀다. 그 성장과 새로운 나에 감사하며, 이 책을 조용히 마무리한다.

'이 책이 당신 삶의 작은 숨결로 닿기를. 그리고 당신만의 회복과 성장의 언어가 꽃피우기를 소망합니다.'

참고 문헌

1장 트라우마 이해

1 Calhoun, L. G., & Tedeschi, R. G. (Eds.). (2014). *Handbook of posttraumatic growth: Research and practice*. Routledge.
2 Walsh, F. (1998). The concept of family resilience: Crisis and challenge. *Family process*, 35(3), 261-281.

2장 트라우마 후 스트레스

1 Bourne, C., Mackay, C. E., & Holmes, E. A. (2013). The neural basis of flashback formation: the impact of viewing trauma. *Psychological medicine*, 43(7), 1521-1532.
2 Weiss, D. S. (2007). The impact of event scale: revised. *In Cross-cultural assessment of psychological trauma and PTSD* (pp. 219-238). Boston, MA: Springer US.

3장 트라우마 후 성장

1. Cann, A., Calhoun, L. G., Tedeschi, R. G., Taku, K., Vishnevsky, T., Triplett, K. N., & Danhauer, S. C. (2010). A short form of the Posttraumatic Growth Inventory. *Anxiety, Stress, & Coping,* 23(2), 127-137.
2. Feingold, J. H., Hurtado, A., Feder, A., Peccoralo, L., Southwick, S. M., Ripp, J., & Pietrzak, R. H. (2022). Posttraumatic growth among health care workers on the frontlines of the COVID-19 pandemic. *Journal of affective disorders,* 296, 35-40.

4장 트라우마 후 첫걸음

1. Bjerke, M. B., & Renger, R. (2017). Being smart about writing SMART objectives. *Evaluation and program planning,* 61, 125-127.
2. Chödrön, P. (2010). *The wisdom of no escape: And the path of loving-kindness.* Shambhala Publications.
3. Hinds, P. S., Quargnenti, A., Bush, A. J., Pratt, C., Fairclough, D., Rissmiller, G., ... & Gilchrist, G. S. (2000). An evaluation of the impact of a self-care coping intervention on psychological and clinical outcomes in adolescents with newly diagnosed cancer. *European Journal of Oncology Nursing,* 4(1), 6-17.
4. Ekman, P., Dalgleish, T., & Power, M. (1999). Basic emotions. *San Francisco,* USA.
5. Kabat-Zinn, J. (2013). Some reflections on the origins of MBSR, skillful means, and the trouble with maps. *In Mindfulness* (pp. 281-306). Routledge.
6. Kar, P. C., Shian-Ling, K., & Chong, C. K. (2014). Mindful-STOP: Mindfulness Made Easy for Stress Reduction in Medical Students. *Education in Medicine Journal,* 6(2).

7   Slade, M., Rennick-Egglestone, S., Blackie, L., Llewellyn-Beardsley, J., Franklin, D., Hui, A., ... & Deakin, E. (2019). Post-traumatic growth in mental health recovery: qualitative study of narratives. *BMJ open*, 9(6), e029342.

8   Solberg, M. A., Gridley, M. K., & Peters, R. M. (2022). The factor structure of the brief cope: A systematic review. *Western Journal of Nursing Research*, 44(6), 612-627.

9   White, M., & Epston, D. (2004). Externalizing the problem. *Relating experience: stories from health and social care*, 1(88), 9780203493007-26.

5장 트라우마 너머

1   Banaj, N., & Pellicano, C. (2020). Childhood trauma and stigma. *Childhood Trauma in Mental Disorders: A Comprehensive Approach*, 413-430.

2   Czarniawska, B. (2005). Karl Weick: Concepts, style and reflection. *The Sociological Review*, 53(1_suppl), 267-278.

3   Frankl, V. E. (1985). *Man's search for meaning*. Simon and Schuster.

4   Galvin, B. M., Randel, A. E., Collins, B. J., & Johnson, R. E. (2018). Changing the focus of locus (of control): A targeted review of the locus of control literature and agenda for future research. *Journal of Organizational Behavior*, 39(7), 820-833.

5   Kar, P. C., Shian-Ling, K., & Chong, C. K. (2014). Mindful-STOP: Mindfulness Made Easy for Stress Reduction in Medical Students. *Education in Medicine Journal, 6(2)*.

6   Kellert, S. R., & Wilson, E. O. (1995). The biophilia hypothesis.

7   London, B., Downey, G., Bonica, C., & Paltin, I. (2007). Social causes and consequences of rejection sensitivity. *Journal of Research on*

Adolescence, 17(3), 481-506.
8 Pennebaker, J. W. (1997). Writing about emotional experiences as a therapeutic process. *Psychological science*, 8(3), 162-166.
9 Pennebaker, J. W., Mayne, T. J., & Francis, M. E. (1997). Linguistic predictors of adaptive bereavement. *Journal of personality and social psychology*, 72(4), 863.
10 Steger, M. F., Frazier, P., Oishi, S., & Kaler, M. (2006). The meaning in life questionnaire: assessing the presence of and search for meaning in life. *Journal of counseling psychology*, 53(1), 80.

고통의 도약

초판 1쇄 인쇄일 2025년 6월 30일
초판 1쇄 발행일 2025년 7월 15일

지은이 이재희

발행인 조윤성

편집 유나영 **디자인** 정효진 **마케팅** 최기현
발행처 ㈜SIGONGSA **주소** 서울시 성동구 광나루로 172 린하우스 4층(우편번호 04791)
대표전화 02-3486-6877 **팩스(주문)** 02-598-4245
홈페이지 www.sigongsa.com / www.sigongjunior.com

이 책의 출판권은 ㈜SIGONGSA에 있습니다. 저작권법에 의해
한국 내에서 보호받는 저작물이므로 무단 전재와 무단 복제를 금합니다.

ISBN 979-11-7125-831-4 03180

*SIGONGSA는 시공간을 넘는 무한한 콘텐츠 세상을 만듭니다.
*SIGONGSA는 더 나은 내일을 함께 만들 여러분의 소중한 의견을 기다립니다.
*잘못 만들어진 책은 구입하신 곳에서 바꾸어 드립니다.

WEPUB 원스톱 출판 투고 플랫폼 '위펍' _wepub.kr
위펍은 다양한 콘텐츠 발굴과 확장의 기회를 높여주는
SIGONGSA의 출판IP 투고·매칭 플랫폼입니다.